누구나 카피라이터

카피라이터 **정철**

누구나 카피라이터

생각이
글이 되는 과정
생중계

허밍버드
Hummingbird

차례

머리말 008
생중계를 시청하기 전에
1. 생각 014
2. 대화 018
3. 동업 022
4. 편지 025

 **TAKE 1** 　생각이 글이 되는 과정 생중계

1. 자문위원이면 자문만 할 것이지 036
   - Before & After, 카피는 어떻게 달라지는가
2. 코로나는 코리아를 이길 수 없습니다 049
   - 글은 사람 마음을 어떻게 움직일까
3. 경쟁, 승리, 패배 064
   - 광고회사가 왜 프리랜서를 쓸까
4. 건방진 대화 077
   - 힘 있는 슬로건은 어떻게 만들어지는가
5. 누구나 카피라이터 093
   - 쓰는 기술보다 중요한 것

기억의 공책

너는 왜 글을 쓰니?	110
강연	111
엄마를 업었다	112
슬픈 예감	113

TAKE 2 생각이 글이 되는 과정 생중계

6. 영어 못하는 정철	116
- 언어적 관성에 대처하는 법	
7. 아흔다섯 장짜리 PPT	130
- 메시지가 살아 있는 프레젠테이션	
8. 수요일은 쉬지 않고 찾아왔고	154
- 생각이 에세이가 되는 과정 생중계	
9. 가나다라마바사	168
- 입이 하고 싶은 말, 귀가 듣고 싶은 말	

기억의 공책

친구가 죽었다	184
떡국	185
시무식	186
대리운전	187

TAKE 3   생각이 글이 되는 과정 생중계

10. 철도가 척도다   190
- 공공기관 슬로건이 해야 할 일

11. 100년이 묻습니다   211
- 광고주 없는 캠페인

12. 진짜 약은 약국 밖에 있다   224
- 짧은 문장 하나가 기업문화를 바꾼다

13. 태어나주셔서 고맙습니다   238
- 어쩌면 태도가 본질일 수도

14. 아이디어는 가까운 곳에 있다   250
- 국가와 국민을 연결하는 법

기억의 공책

문자가 왔다   260
님을 위한 행진곡   261
편집자   262
누군가 내 책을 이렇게   263

TAKE 4   생각이 글이 되는 과정 생중계

15. 문재인 카피라이터의 긴 이야기   266
- 대통령의 카피는 어떻게 만들어졌는가

16. 수학이 국어에게 도움을 청하다니   293
- 브랜드네임도 카피다

17. 1 합시다   305
- 광고 목표가 뚜렷한 캠페인

18. 당신은 좋은 사람입니까   316
- 독자에게 드리는 마지막 질문

기억의 공책

정태춘 왔다	330
후회	331
배려	332
나	333

생중계를 마치며   334

누구나엔 당신도 포함됩니다

나는 프리랜서입니다. 1인 광고회사입니다. 혼자 있으니 혼자 해야 합니다. 콘셉트도 내가 잡고, 카피도 내가 쓰고, 이를 광고주에 제안하는 일도 내가 해야 합니다. 광고주 만나 자존심 다치는 일도 내가 감당해야 합니다.

당연히 한계가 있습니다. 부실한 조사, 여러 사람 머리를 섞지 않은 콘셉트, 회의실을 거치지 않고 완성되는 카피, 광고주를 모시는 누추한 기술. 이 모든 것이 한계입니다. 누군가 내게 카피를 주문하면 나는 이런 내 한계를 먼저 말씀드리고 일을 받습니다. 그러니까 광고회사의 그 광활한 서비스를 포기하는 조금은 수상한 사람들이 내 광고주가 되는 셈입니다.

수상한 행동에는 이유가 있겠지요. 내 가격이 유난히 저렴하다거나, 광고회사가 그들을 무시한다거나, 광고회사를 등 뒤에 두고 추가로 내 카피를 받아보고 싶다거나, 광고회사라는 게 있다는 걸 아예 모른다거나. 아니면 몇 안 되겠지만 내 카피를 이유 없이 좋아한다거나. 하여튼 이런저런 이유로 밥 먹고 살 만큼은 카피를 쓰고 있습니다.

너는 어떻게 일을 하니?

누가 물으면 나는 딱 한마디로 답합니다. 열심히. 상대가 피식 웃으면 나는 농담이 아니라고, 열심보다 중요한 건 없다고 정색하며 말합니다. '열심히'가 없으면 내 이름 걸고 수십 년 같은 일을 할 수 없으니까요. 그래도 거듭 추궁하면 세 마디로 대답합니다.

생각도 나 홀로.
생산도 나 홀로.
배달도 나 홀로.

이게 내가 하는 일의 전부입니다. 생각과 생산과 배달은 내 공책에 고스란히 기록됩니다. 물론 공책은 종이 형태로만 존재하는 건 아닙니다. 피씨 속 한글 파일도 늠름한 내 공책입니다. 기억의 공책도 있지요. 굳이 글자 형태로 변환할 필요가 없는 생각은 머릿속 기억의 공책에 보관합니다. 그때그때 내 생각을 저장하는 블로그나 페이스북 또한 충직한 기억의 공책입니다. 이 책은 그것들을 죄다 꺼내어 주르륵 펼쳐 보이는 책입니다.

어떻게 내게 일이 오는지, 어떻게 일의 실마리를 잡는지, 어떤 과정을 거쳐 카피를 생산하는지, 어떤 기술을 사용하여 이를 광고주에게 제안하는지, 이 모든 걸 낱낱이 생중계하는 책입니다. 임신에서 출산까지, 내가 낳은 녀석들의 출생의 비밀을 털어놓는 책입니다.

몇 년 전 《카피책》을 세상에 내놓았습니다. 나는 그 책을 '처음이자 마지막으로 쓰는 카피라이팅 책'이라 스스로 규정했습니다. 내가 배운 또는 알게 된 카피 쓰는 요령은 그 책에 다 눌러 담았습니다. 카피 잘 쓰고 싶은 분, 짧은 글로 사람 마음을 훔치고 싶은 분은 《카피책》을 먼저 손에 쥐십시오.

《카피책》을 읽었다면 다음은 이 책입니다.

《카피책》이 카피라이터의 손끝에 집중한 책이라면 이 책은 한 걸음 물러나 카피라이터가 일하는 풍경을 통째로 구경하는 책입니다. 이렇게 쓰세요, 하는 결론을 모아놓은 책이 아니라 결론까지 도착하는 과정을 즐기는 책입니다. 카피 한 줄 훔치는 책이 아니라 생각 덩어리를 훔치는 책입니다. 《카피책》은 미시 카피라이팅, 이 책은 거시 카피라이팅, 이렇게 불러도 좋을 것입니다.

카피 한 줄이 물고기 한 마리라면 이 책엔 미끼 잘 쓰는 비법 같은 건 없습니다. 없으니 건지려 들지 마십시오. 대신 책 위에 누워 카피라는 바다를 항해한다고 생각해주십시오. 책의 흐름에, 물결에, 풍랑에 몸을 맡기면 분명 물고기들의 입질을 온몸으로 느낄 수 있을 것입니다.

자, 이제 항해를 시작합니다. 만선을 기원합니다.

생중계를
시청하기 전에

경직된 목과 어깨도 풀고
잡다한 것들로 꽉 찬 머리도 훌훌 비워,
생중계를 잘 받아먹을 수 있는
몸과 마음을 만드는 준비운동 같은 장입니다.
책 앞에 너무 가까이 달려들지 마시고
조금은 느슨한 자세로 읽어주십시오.

1. 생각

이 책은 생각이 글이 되는 과정을 생중계합니다. 그런데 생각이 뭘까요. 어떻게 생겼을까요. 내가 생각하는 생각과 당신이 생각하는 생각은 같을까요. 그렇지 않을 수도 있습니다. 사람마다 생각이 다르듯 생각에 대한 생각도 다 다를 테니까요. 그래서 내가 생각하는 생각이 어떻게 생겨 먹은 생각인지 먼저 밝히고 중계를 시작할까 합니다. 자, 이 중계방송의 아나운서이자 해설자이자 책임피디인 나는 글 쓰는 행위를 이렇게 정의합니다.

> 머릿속 생각을 30센티 이동시켜
> 종이 위에 툭 내려놓는 일.

생각이 글이 된다는 얘기입니다. 생각이 종이로 이동할 때 뒤틀리거나 분실되는 사고만 없다면 누구나 괜찮은 글을 생산할 수 있다는 얘기입니다. 그런데 생각은 어디 있을까요. 머릿속에 생각이 있을까요. 정말 그렇다면 그것을 쏙 뽑아 종이 위에 툭 내려놓는 일만큼 쉬운 일은 없겠지요. 1-2분이면 누구나 쓱싹 글을 써내겠지요. 세상 연필공장, 종이공장, 지우개공장은 오래전 문을 닫았겠지요.

생각은 없습니다.

우리 머릿속엔 생각이라는 녀석이 살고 있지 않습니다. 필요할 때 꺼내 쓸 수 있는 괜찮은 생각은 거의 한 톨도 없습니다. 생각의 씨앗이 군데군데 흩어져 살고 있을지는 모르지만 당장 글이 될 만한 생각은 없습니다. 그런데도 나는 머릿속 생각을 종이 위로 이동시키라고 말합니다. 이 모순은 뭘까요.

생각은 찾는 것입니다. 꺼내는 것이 아니라 찾는 것입니다. 떠오르는 것이 아니라 찾는 것입니다. 머리를 때리고 비틀고 꼬집어 어렵게 받아 내는 것입니다. 필요하다면 협박도 하고 고문도 해야 합니다. 어떻게든 머리를 못살게 굴어야 합니다. 그 난리를 쳐야 비로소 생각이라는 녀석이 배시시 모습을 드러냅니다. 그때 녀석 멱살 잡고 종이 위로 데려가면 글이 됩니다.

그러니까 내가 '머릿속 생각'이라 칭한 것은 때리고 비틀고 꼬집는 노동으로 생산한 생각을 말하는 것입니다. 땀과 시간을 쏟아부은 생각을 말하는 것입니다. 그렇습니다. 머리를 쥐어짜지 않으면 생각은 없습니다. 때리고 비틀고 꼬집는 이 무자비한 과정을 우리는 'think'라는 점잖은 말로 표현합니다. 가만 생각해보면 참 웃기는 표현입니다. 시민을 때려눕힌 조폭이 꽃 들고 병문안 가는 것만큼.

책을 읽으며, 저 사람 머리에 있는 생각이 왜 내 머리엔 없을까. 실망하지 마십시오. 혹시 어디 구석에 숨어 있는 건 아닐까. 뒤지지도 마십시오. 없습니다. 헛수고입니다. 다시 말씀드리지만 때리고 비틀고 꼬집는 폭력이 없으면 생각은 없습니다. 글도 없습니다.

머리를 때리고 비틀고 꼬집을 때 나는 두 녀석의 도움을 받습니다. 물론 망치나 도끼 같은 연장은 아닙니다. 하나는 영감, 또 하나는 과학입니다. 어려운 말들입니다. 사전은 영감과 과학을 이렇게 설명합니다.

> 영감: 신의 계시를 받은 듯 머리에 번득이는 착상이나 자극.
> 과학: 어떤 대상을 객관적으로 계통적으로 연구하는 활동.

기능도 성질도 생김새도 다 다른 녀석들입니다. 어쩌면 상극 같은 존재입니다. 그러나 두 녀석이 내 곁에 나란히 서서 지극정성으로 나를 돕지 않으면 생각은 완성되지 않습니다. 녀석들을 객관적으로 계통적으로 연구해서 얻은 결론이냐고요? 물론 아닙니다. 내게 그런 과학적인 사고 능력은 없습니다. 수십 년 머리에 폭력을 행사했더니 머리가 실토한 결론입니다.

김 작가는 영감이 생각의 중심에 서야 한다고 말할 수 있습니다. 김 박사는 과학이 생각의 중심이어야 한다고 말할 수 있습니다. 그러나 둘 중 어느 하나에 완전히 기대는 건 지나친 모험이라는 게 내 생각입니다. 나는 모험을 즐기지 않습니다.

본방송이 시작되면 영감과 과학이 뻔질나게 등장할 것입니다. 맹렬하게 활약할 것입니다. 그래서 두 녀석을 미리 만나는 시간을 잠시 가지려 합니다. 슬기로운 시청자는 출연자 프로필 정도는 확인하고 화면 앞에 앉습니다.

2. 대화

생각1   어제 꿈을 꿨는데 노스트라다무스를 만났어. 길가 벤치에 앉아 있더라.

생각2   그 양반이 노스트라다무스라는 건 어떻게 알았는데?

생각1   그냥 알았어. 꿈이라는 게 그렇잖아. 전지적 작가 시점 같은 거.

생각2   노숙자였을 거야.

생각1   어허, 느낌이 달랐다니까. 눈매도 깊었고.

생각2   그래서 뭘 했는데? 말은 걸어봤어?

생각1   사인을 부탁했지. 독특했어. 숫자 여섯 개를 드르륵 써주는 거야.

생각2   피식, 너 지금 그게 로또 번호라고 말하고 싶은 거야?

생각1   아니면 뭐겠어? 그 사람 예언가잖아. 설마 자기 여권 번호를 드르륵 썼겠어?

생각2   넌 이런 태도가 문제야. 맨날 얻어걸리는 요행을 바라니까 꿈에서도 그런 어처구니없는 사인을 받는 거야.

생각1   그러는 너는 어떻게 다른데?

생각2   로또를 바란다면 로또에 풍덩 뛰어들어야지. 치밀하게 치열하게 연구를 해야지. 지난 10년치 로또 1등 번호 싹 쓸어다 벽에 붙이고 가로세로 분석을 해야지. 짝수가 많은지 홀수가 많은지, 날씨와 로또는 어떤 상관이 있는지, 진보 정권에선 어떤 숫자가 자주 당첨되는지. 구할 수만 있다면 당첨자 사진도 오밀조밀 오려 붙이고.

생각1   피식, 연구한다고 연구가 돼? 분석한다고 분석이 돼? 난 확률이나 통계에 죽어라 목매는 너의 그 맹신이 오히려 우스워.

생각2   맹신이 아니라 과학이지. 핵심에 가까워지려는 태도.

생각1   아니, 이젠 연구도 분석도 네가 가까이 다가가면 피곤해할걸. 접근금지 명령 같은 걸 내리고 싶어 할지도 몰라.

생각2   그래서 뭐? 과학보다 영감이 먼저다? 사람이 먼저라는 말은 내 들어봤지만 영감이 먼저라는 말은 귓등으로도 들어본 적 없어.

생각1   영감이 곧 사람이야. 늑대의 영감, 갈매기의 영감, 이런 말은 없잖아. 신이 사람에게만 허락한 우월한 생각이 영감이라고.

생각2   우월이라는 말은 그렇게, 아무데나, 함부로, 막 갖다 붙이는 게 아니야. 0.1밀리 우월. 0.1그램 우월. 이렇게 계량할 수 있어야 우월이고 차이를 입증할 수 있어야 우월이지. 우월한 느낌? 그런 건 말이 안 돼. 그건 우월이 아니라 우울이지. 너랑 이런 말 섞고 있는 내가 우울해지려 한다.

생각1   밀리 타령, 그램 타령, 지겹다.

생각2   지겨워도 들어야 해. 이젠 과학의 시대야. 요즘 분야를 가리지 않고 인공지능이 맹활약한다는 얘기 못 들었어? 영감은 늙었어. 이미 수명이 다했어.

생각1   늙었어, 수명이 다했어, 라고 말하면 안 되지. 며칠 몇 시간 몇 분 몇 초 남았어. 이렇게 말해야지. 우리 우월한 과학님께서 왜 오늘은 비과학적인 용어를 쓰실까.

생각2   그렇지. 그럴 줄 알았어. 논리가 부실할 때 말꼬리 잡고 늘어지는 그 습관 여전해. 습관은 늙지도 않네.

생각1   그렇지. 그럴 줄 알았어. 잘못을 인정하지 않고 말꼬리라 우기는 그 관성 여전해. 관성은 지치지도 않네.

생각2   됐어. 그만하자.

생각1   그래, 너랑 이런 얘기 시간 낭비지. 너는 네 갈 길 가.

생각2   너도 네 갈 길 가.

영감도 생각을 생산합니다. 과학도 생각을 생산합니다. 둘 다 위대한 생각 생산자이자 제공자입니다. 그런데 둘의 대화를 들으면 가까이하기엔 너무 먼 당신처럼 보입니다. 정말 그럴까요. 둘은 영원히 친해질 수 없는 걸까요. 서로에게 조금 더 가까이 다가간다면, 섞이는 걸 두려워하지 않는다면 더 없이 위대한 생각을 생산할 수 있지 않을까요.

맞습니다. 영감도 과학도 혼자 잘난 척은 그만해야 합니다. 어떻게든 동업을 해야 합니다. 자존심 싸움 끝에 등 돌리고 멀어지는 둘의 속마음에서 힌트를 발견할 수 있을지도 모릅니다.

생각1   그래, 내 팔자에 무슨 로또. 사인 받은 종이 찢어버려야겠어.

생각2   이 멍청한 자존심. 사인 한 번 슬쩍 보자고 할걸.

3. 동업

자존심 싸움을 통해 영감과 과학의 본심을 확인했습니다. 각자 자신이 우월하다고 믿지만 서로를 궁금해한다는 것. 가끔 외롭다는 것. 그래서 서로에게 기대고 싶어 한다는 것.

    그렇습니다. 영감과 과학이 잘 섞일 때 생각은 더 큰 힘을 씁니다. 그러니까 둘은 어차피 동업해야 할 팔자를 타고난 겁니다. 피할 수 없습니다. 피할 수 없으면 계약하라 했습니다. 둘은 이 말에 결국 동의했고 계약서에 꽝꽝 도장을 찍었습니다. 계약서 원본을 그대로 소개합니다. 당신도 생각이라는 것을 하면서 살고 싶다면 이 계약서를 복사해 냉장고 문짝에 붙이십시오.

동업 계약서

영감과 과학 쌍방은 훌륭한, 늠름한, 황홀한 생각 생산을 위해 다음과 같이 계약을 체결한다.

1. 영감과 과학은 서로를 존중한다. 여기에서 존중이란, 상대의 생각이 내 생각과 달라도 고개 돌리지 않고 끝까지 들어주는 태도를 뜻한다. 쌍방 모두 고개 움직이는 각도가 좌우 15도를 넘지 않도록 새로 세팅한다.

2. 쌍방은 서로에게 필요한 것을 요구할 수 있다. 영감은 과학에게 세상 모든 자료, 통계, 분석을 요청할 수 있고, 과학은 영감에게 천편일률적인 자료, 통계, 분석에서 벗어날 신선한 아이디어 같은 것을 요청할 수 있다. 쌍방은 이를 고분고분 제공할 의무가 있다.

3. 일방이 영업 이익을 독점할 수 없다. 따라서 생각이 어느 일방의 공이라는 느낌을 주는 모든 단어는 금지어가 된다. 예를 들면 영감은 '불현듯' 같은 단어를, 과학은 '입증' 같은 단어를 포기해야 한다. 세상 모든 동업은 이익의 균형이 무너지는 순간 와르르 무너진다.

4. 둘은 서로에게 빠지면 안 된다. 과학의 매력을 뒤늦게 알았다며 영감이 과학 흉내를 내서도 안 되고, 영감의 천재성에 반했다며 과학이 스토커처럼 영감 주위를 서성거려서도 안 된다. 각자 귀한 역할이 있으니 늘 적당한 거리를 유지해야 한다. 과학은, 적당한 거리가 몇 미터 몇 센티인지 따지지 않는다.

5. 과학이 뿌리라면 영감은 꽃이다. 뿌리가 근거를 마련하면 꽃은 자유롭게 아름다움을 뽐내면 된다. 뿌리 없는 꽃은 공허하고 꽃 없는 뿌리는 건조하다. 웬 꽃 타령이냐고? 계약서가 너무 딱딱한 것 같아 슬쩍 넣은 조항이다.

6. 영감과 과학은 매일 아침 머리라는 생각공장으로 출근해야 한다. 그런데 누가 공장장이어야 할까. 그건 생산한 생각의 쓰임에 따라 다르다. 글쟁이는 영감에게 공장장 완장을 채워줄 수 있다. 영감의 개입을 억제한 생각이 필요한 사람은 과학에게 공장의 지휘, 관리, 책임을 맡길 수 있다. 딱히 정답은 없다. 다만 이것 하나는 기억해야 한다. 공장장이 누구든 서로에게 틈을 보여야 한다는 것. 공장이 생산하는 모든 생각은 동업의 결과여야 한다는 것. 과하게 딱딱하지 않게. 과하게 느슨하지 않게.

7. 기타 정하지 않은 사항은 영감과 과학의 주인인 '나'의 판단에 맡긴다.

8. '나'는 영감과 과학이 애써 생산한 생각을 머릿속에 방치하지 않아야 한다. 최대한 이른 시간에 글자라는 도구를 사용해 글이라는 형태로 세상에 내보내야 한다. 훌륭한, 늠름한, 황홀한 생각이 온데간데없이 증발하는 건 '나'의 게으름 때문이다.

9. 계약 해지는 오직 한 경우에만 가능하다. '나'의 사망.

10. '나'는 사망 직전까지 쌍방이 계약을 잘 지키는지 관리, 감독, 감시, 간섭, 지적, 조언, 충고, 호통할 권리를 갖는다. 아니, 의무를 진다.

11. 이 계약서는 두 부를 만들어 영감은 가슴에, 과학은 머리에 각각 보관한다.

4. 편지

자네들 대화 흥미롭게 들었고 동업 계약서도 잘 읽었네. 먼저 잘했다는 칭찬의 말을 드리네. 아니, 고맙다는 감사의 말을 드리네. 느닷없는 칭찬은 뭐고 감사는 또 뭐냐고? 내가 누구냐고?

나는 '나'라네. 자네들 계약서에 등장하는 바로 그 '나'라네. 자네들의 주인이지. 명색이 주인이라는 양반이 실은 이제껏 자네들을 잘 몰랐다네. 내 생각을 자네 둘이 만들어 바친다는 사실도 제대로 인식하지 못했다네. 그동안 나는 누가 건넨 건지도 모르는 귀한 생각을 널름널름 받아먹기만 했던 거지. 이번에 자네들 존재를 확실히 알았고 존재의 의미도 조금은 이해할 수 있었네.

내가 상상한 자네들 모습을 말해줄까.

먼저 영감. 자네는 두툼한 뱃살과 게으른 눈매를 가졌어. 늘 뱃살 가리는 헐렁한 옷을 입고 눈매 감추는 짙은 선글라스를 쓰지. 하지만 소용없어. 자네가 게으른 시간에 일어나 게으른 하품으로 하루를 시작한다는 걸 모르는 사람은 없지. 자네가 돼지고기를 좋아한다는 것을, 좋아하는 이유가 돼지기름이 소주 흘러들어갈 목구멍을 넓혀주기 때문이라는 것을 모르는 사람도 없지. 하지만 누구도 자네의 식성과 살집을 지적하지 않아. 지적은 태도나 행동을 바꿀 가능성이 있는 사람에게 하는 거니까. 그렇다고 사람들이 자네를 싫어하는 건 아니야. 자네를 만나면 늘 어떤 기대를 하지. 기대하지 않았던 걸 불쑥 내놓을 거라는 기대. 물론 기대가 실망으로 이어질 때가 훨씬 더 많지만. 어쨌든 자네는 비범한 매력을 지닌 존재라는 것.

다음은 과학. 자네는 좁은 이마와 날카로운 턱선을 지녔지. 알이 두꺼운 안경을 썼고 거북이처럼 늘 등에 가방을 붙이고 다니지. 가방 속엔 돋보기와 삼각자. 손때 묻은 수첩. 이 책 절반 크기의 글자가 깨알처럼 박힌 책 몇 권. 평소 사람들은 자네에게 말을 걸지 않지. 사람들 귀는 자네의 그 지나치게 친절한 설명을 듣고 싶어 하지 않거든. 하지만 어떤 위기를 느낄 때, 호기심이 강하게 차오를 때는 자네를 찾지. 활짝 연 귀를 자네 앞에 내밀며. 물론 귀는 금세 피곤한 표정을 짓고 말지만. 어쨌든 자네는 사람들이 갈증을 느낄 땐 비가 되고, 추위에 떨 땐 해가 되는 꽤 쓸모 있는 존재라는 것. 어떤가, 내 상상력. 대화 몇 토막과 계약서 한 장으로 이만한 상상력을 꺼내 보이는 내가 존경스럽지 않나. 아니면 말고.

얘기가 살짝 옆길로 샜지만 아주 딴 길로 도망간 건 아니라네. 내 상상력이 왜 자네들 모습을 그리려 했을까. 영감. 과학. 이름도 어렵고 뜻은 더 어렵고. 자네들처럼 난해한 개념어를 상대하는 방법을 나는 익히 알고 있거든. 그건 머릿속에 그림을 그려 저장하는 거야. 자네들을 형체를 가진 존재로 인식하려 애쓰는 거지. 물론 내가 나에게 선입견을 심는 일이라 조심스럽긴 하지만 아지랑이나 유령을 상대하는 것보다는 낫지 않겠나.

이제 내가 자네들 존재를 알았으니 시도 때도 없이 시시 껄렁한 도움을 청할 걸세. 그러니 자네들도 나를 알아야겠지. 어떻게 생겨 먹었는지, 어떤 습관을 지녔는지, 어떤 꿈을 꾸며 사는지. 주인을 알아야 주인이 원하는 걸 턱턱 내놓을 수 있을 테니까. 자, 이제부터 나를 설명할 테니 잘 기억해주게. 만날 때마다 누구세요? 묻지 말고.

나는 카피라이터라네. 글쟁이지. 글을 쓰기 위해 먼저 하는 일이 생각이니 생각쟁이라 불러도 좋네. 하루 종일 작업실에 스스로 갇혀 생각을 생산하고, 생산한 생각을 이리저리 꿰맞춰 문장을 조립하지.

나를 설명하는 단어 몇 개를 내놓는다면 수염, 연필, 술잔, 담배, 멸치국수. 이 정도면 내 적막한 모습이 어렴풋이 그려졌을 거라 믿네. 또 뭘 얘기해야 하지? 더 설명할 게 없는데. 아, 내가 이렇게 간단한 인간이었나? 그럴 리 없어. 더 있을 거야. 그래, 작업실. 내 작업실 풍경을 그려줘야겠어.

앞서 말했듯이 나는 생각을 활자로 변환하는 일을 한다네. 활자를 위해 내가 가장 먼저 하는 일은 책상 앞에 앉는 일이야. 몸도 앉아. 마음도 앉아. 연필도 종이도 앉아. 누군가에게 받은 자료도 연필과 종이 곁에 나란히 앉아. 준비의 시간이지.

모두 제 자리에 앉으면 작업을 시작한다네. 받은 자료 한 장 한 장 넘기며 찬찬히 살피지. 잘 이해가 안 가는 대목은 사전 찾고 포털 뒤지며 두 번 세 번 읽어. 과학의 시간이지. 그러다 카피 실마리가 될 만한 것이 보이면 그것이 무엇이든 긁어모으지.

느낌 좋은 키워드, 맵시 있는 문장, 생각나는 컬러, 떠오르는 인물, 눈에 밟히는 영화, 아침 라디오에서 들은 노래, 책, 만화, 드라마, 속담, 격언, 유언, 연설, 역사, 법률, 뉴스, 낙서, 소문 뭐든 좋아. 과학이 내게 찔러주는 건 모조리 챙기는 거지. 챙긴 그것들은 내 공책 속으로 들어가 생각의 재료가 된다네. 수십 페이지 자료를 한두 페이지에 눌러 담는 압축의 시간이지. 생각의 재료가 추려지면 추린 그것들만 붙들고 씨름을 하지. 이때 내 눈은 매의 그것이 된다네.

  찾은 키워드를 남이 쓰고 있지는 않은지.
  격언을 슬쩍 변형하여 슬로건으로 쓸 수 없는지.
  지금 내가 하려는 이야기를 스무 글자로 압축할 수 있는지.
  혹시 컬러 마케팅이 가능한지.
  죽은 지 300년 된 인물을 모델로 세울 수는 없는지.
  두 브랜드를 엮은 콜라보 캠페인은 어려운지.
  과연 광고주를 설득할 수 있는지.

생각하고 쓰고 고치고. 생각하고 쓰고 고치고. 이 지루한 행위를 끝없이 반복한다네. 영감의 시간이지. 아무것도 없는 0 상태에서 1을 만들어 내는 유일한 방법이 반복이니까. 수정이니까. 변덕이니까. 그래서 내 작업 게이지는 0.7 가까이 갔다 0.3으로 추락하기도 하고, 0.9까지 올라갔다 깨끗이 지워져 다시 0이 되기도 해. 어쩌면 우왕좌왕인지도. 비틀비틀인지도. 울퉁불퉁인지도. 이렇게 내가 나를 상대로 치열하게 싸우는 거야.

물론 힘이 부칠 때도 있지. 가끔이 아니라 자주 있지. 그럴 땐 내 한계를 인정하는 타협도 곧잘 한다네. 틀림없는 0.8인데 그것을 1로 쳐주는 타협. 반올림이라는 어려운 수학을 동원하는 거지. 완벽한 1을 만날 때까지 오로지 전진, 끝까지 전진만을 고집했다면 나는 이미 요절했을 거야. 적당한 타협 덕에 오늘도 이렇게 꼼지락거리고 있는지도 몰라. 그렇다고 0.3 따위를 1로 쳐주지는 않아. 곧 죽어도 나는 프로니까. 하여튼 이처럼 어렵게 1을 만들어 가는 일이 내 작업이야. 내 직업이기도 하고.

사람들은 내가 책상 앞에 우아하게 앉아 차분하게 연필을 놀려 댈 거라 생각하지만 그건 심각한 오해라네. 물 위를 떠다니는 백조를 떠올려. 그게 내 모습이니까. 진부한 생각 욕하기. 부실한 자료 탓하기. 무딘 연필 야단치기. 멍청한 종이 구기기. 죄 없는 담배 뻑뻑거리기. 이게 내 진짜 모습이야. 맞아. 발버둥이지. 백조의 두 발이 물속에서 하는 그 시끄러운 동작.

그런데 그 요란한 동작이 결국 글을 만들어준다는 거지. 발버둥의 시간을 충분히 거치지 않은 글이 세상에 나가면, 이게 아닌데, 이게 아니었는데, 뒤늦게 아프게 쓰리게 후회의 발버둥을 치게 되거든. 물론 되돌릴 수 없지.

어떤가. 이제 나를 조금 알 것 같은가. 이 편지에 이어 생중계가 이어지니, 그때 더 자세한 나를 보여주기로 하지.

고백하건대 동업 계약서를 읽어 내려가며 기분이 좋지는

않았네. 주인 제쳐 두고 자네들끼리 계약한다는 게 섭섭했으니까. 6번 조항 마지막 줄을 읽을 때까지는 그랬어. 그런데 7번에 떡하니 내가 등장하는 거야. 울 뻔했어. 자네들 존재조차 제대로 인식하지 못하는 주인을 자네들은 기억하고 있었어. 계약 당사자는 분명 자네 둘인데 그 중심에 내가 서 있었어. 그래서 편지를 시작하며 감사의 말을 던진 거야.

요컨대 이제껏 나는 내 안에 생각이라는 녀석이 방 하나 분양받고 독립해 사는 줄 알았다는 것. 나오라 명령하면 방문 열고 비실비실 기어 나오는 줄 알았다는 것. 생각이 자네 둘로 이루어졌음을 몰랐다는 것. 그러니 늘 먼저 보이는 하나만 붙잡고 생각 내놓으라고 떼를 썼다는 것. 당연히 내가 받아드는 건 한없이 가벼운 생각 아니면 더없이 무거운 생각. 자네 둘을 섞은 것이 생각이라는 생각을 하지 않았으니 생각 같지 않은 생각이 늘 내 생각이었다는.

말이 길어졌지? 이제 이 편지를 쓰는 이유를 말해야 할 것 같네. 고마워서 약속을 하려는 거야. 계약서가 적시한 '나'의 역할을 제대로 하겠다는 약속. 자네 둘 중 어느 하나도 외롭게 두지 않을 거라는 약속. 미세한 생각 하나를 생산할 때도 자네 둘 의견을 차례로 묻고, 충분히 듣고 그것들을 잘 섞어 내놓겠다는 약속.

그리고 또 약속함세. 이 편지는 다 쓰는 즉시 봉투에 넣어

풀을 붙인다는 약속. 내일 아침 다시 읽으면 지금 내가 늘어놓은 문장이 쑥스러운 말이거나 채신머리없는 말이라는 생각이 들 수도 있으니까. 우표를 붙이지 않을 수도 있으니까.

추신.
막상 우표를 붙이고 겉봉에 주소를 쓰려 하니 자네들 주소를 모르겠네. 하는 수 없이 보내는 주소와 받는 주소를 똑같이 썼네. 이 편지는 자네들의 주인인 내가 받게 될 걸세. 내가 먼저 읽어보고 어떤 말이 적혔는지 잘 전해주겠네.

생각이
글이 되는 과정
생중계

나를 생중계합니다.
내가 나를 중계하는 것이니 내 체면을 심하게 구긴다거나
세상이 나를 딱한 인간으로 기억할 수 있는 장면은
상당 부분 편집할 것입니다.
물론 아주 도려낸다는 뜻은 아닙니다.
그것들은 행간에 넣어두겠습니다.
책값 본전 뽑으려면 행간도 열심히 읽어주셔야 합니다.
자, 이제 본방송이 시작됩니다.

채널 고정.

1. 자문위원이면 자문만 할 것이지
— Before & After, 카피는 어떻게 달라지는가

한동안 한 광고회사 자문위원으로 일했습니다. 어떤 일을 했을까요. 자문위원이니 당연히 자문이라는 일을 했겠지요. 그런데 자문이 뭘까요. 알 듯 모를 듯. 사전을 뒤졌습니다. 이처럼 긴가민가할 때 나는 무조건 사전을 폅니다.

학식과 경험이 풍부한 전문가에게 의견을 물음.

학식, 경험, 풍부 따위 단어가 오글거렸지만 자문은 내가 막연히 생각한 그 의미 그대로였습니다. 아이디어나 카피를 내가 찾는 게 아니라는 의미였습니다. 누군가 생산한 것을 쓱 훑어보고 내 감상을 의견 또는 조언이라는 이름으로 툭 내놓으면 된다는 의미였습니다. 사전이 시키는 대로 일을 했습니다.

좋네요. 조금만 다듬으면 되겠어요. 이건 버리지요.

세상 편한, 세상 쉬운 일이 자문이었습니다. 편하게, 쉽게 월급을 받았습니다. 그러던 어느 날, 자문할 거리를 미리 받았습니다. 경남 고성군 슬로건을 마련하는 일이었습니다. 기획서를 읽었습니다. 제안할 슬로건도 살폈습니다. 이제 나는 내가 받은 그것들에 내 생각 몇 마디 보태 되돌려주면 됩니다. 그런데 그날따라 오지랖이 나를 흔들었습니다.

정말 이렇게 가도 되겠어? 너라면 이런 카피 썼겠어?

분명 오지랖이었습니다. 오지랖인 걸 알면서도 나는 이미 종이를 폈고 연필을 들고 있었습니다. 내 신분을 망각하고 카피라이터가 되려 하고 있었습니다. 말릴 수 없었습니다. 그럴 때가 있습니다. 내 안에서 뭔가 꿈틀거리는데 그것을 눌러 주저앉히지 못할 때. 어느새 나는 슬로건을 모두 다시 쓰고 있었습니다. 내 안의 영감과 과학은 하지 않아도 될 노동을 해야 했습니다.

이 꼭지는 Before / After 카피를 보여주는 꼭지입니다. 두 슬로건을 비교하는 꼭지입니다. 같은 콘셉트일지라도 조금 더 생각하면, 조금 더 파고들면 카피는 얼마든지 달라질 수 있음을 경험하는 꼭지입니다. 이게 무슨 뜻일까요. 이만하면 됐어, 라는 말 함부로 내뱉지 말라는 뜻입니다. 쉽게 만족하지 말고 더 치열하라는 뜻입니다. 끝까지 치열하라는 뜻입니다.

같은 콘셉트일지라도 조금 더 생각하면,
조금 더 파고들면 카피는 얼마든지 달라질 수 있습니다.

#1 　　고성군을 살피는 지루한 기획서를 여기에 다 옮길 필요는 없겠지요. 요약하면 이렇습니다. 고성군은 자연이 잘 보존된 고즈넉한 땅이다. 공룡 발자취와 가야 역사를 만날 수 있는 땅이다. 지금은 크게 발전하지 못했지만 이제 항공산업을 유치했으니 미래는 만만치 않을 것이다. 대충 이런 내용입니다. 내가 받은 슬로건은 이런 고성의 매력을 하나하나 잘 짚고 있었습니다.

1. 자연주의
2. 한반도의 숨결
3. DinoCity
4. 역사의 발자취
5. Go Tomorrow

어차피 카피에 정답은 없으니 이 중 어느 하나로 가면 됩니다. 약간의 경직 같은 것이 느껴지지만 공공기관은 오히려 이런 약간의 경직을 선호할 수 있습니다. 그러나 내 오지랖은 이들 하나하나에 시비를 걸기 시작했습니다.

#2 　　먼저, 자연주의. 자연이 고성의 매력이라면 이 단어를 주저할 이유는 없습니다. 그런데 '무슨무슨주의'는 너무 익숙합니다. 낭만주의나 계몽주의처럼 나랑은 별 상관

없는 느낌이 듭니다. 나에게 하는 말이 아니라 저 멀리, 저 높이 날아가는 바람소리 같은 느낌. 그건 지나가는 나를 붙잡는 힘이 약하다는 뜻입니다.

그래, 자연은 내가 그대로 받는다. 그러나 주의는 받을 수 없다. 이건 카피라이터 양심 문제다. 자존심 문제라 해도 좋다. 어쨌든 나는 자연에 주의 아닌 다른 말을 붙이고 싶다. 자연 다음에 붙는 말을 비틀어 새로움을 주고 싶다.

자, 자연 다음에는 어떤 말이 올 수 있을까요. 세상 모든 말이 다 올 수 있습니다. 그러니까 쉽게 만족하지 말라는 건 세상에 존재하는 모든 말을 자연 다음에 붙여보라는 뜻입니다.

붙인다. 뗀다. 붙인다. 뗀다. 붙인다. 뗀다.

지극히 단순한 이 일을 끝없이 반복하는 것이 치열입니다. 글 쓰는 일, 카피 찾는 일을 고고한 정신노동으로 생각했다면 그건 오해입니다. 뗀다. 붙인다. 지루하기 짝이 없는 단순노동입니다. 편지봉투에 우표 붙이는 것처럼.

자연 한 모금

붙이고 떼기를 반복한 끝에 내가 찾은 슬로건입니다. 자연에 한 모금이 붙으니 살짝 비튼 느낌이 들지 않습니까. 슬로건이 나랑 먼 느낌이 아니라 슬로건 속에 내가 들어간 느낌. 내 두 손으로 자연을 벌컥 받아 마시는 느낌. 만약 '자연주의'라는 슬로건과 큰 차이를 못 느꼈다면 내 노동이 부실했다는 뜻입니다. 붙였다 뗐다 천 번은 해야 했는데 백 번에 그쳤다는 뜻입니다.

문장력은 어휘력입니다.

풍부한 어휘를 지닌 사람이 풍성한 문장을 만듭니다. 그런데 어휘를 아주, 특별히, 대단히, 엄청나게 많이 손에 쥔 사람은 없습니다. 이 땅에 사는 사람이라면, 책 좀 읽은 사람이라면 손에 쥔 어휘의 양은 다 거기서 거기입니다. 고만고만한 어휘를 얼마나 많이 동원해 이렇게 저렇게 문장을 조립해보느냐, 이게 핵심입니다. 세상은 이 일을 치열하게 하는 사람에게 이런 찬사를 바칩니다. 너는 글을 참 잘 써.

나는 사이다를 마셨다.

이런 문장, 매력적인가요. 아니라면 어떤 행동을 해야 할까요. 뗀다. 붙인다. '마셨다'를 다른 어휘로 바꿔보는 겁니다. 내가 동원할 수 있는 어휘 몽땅 다 동원해서.

나는 사이다를 열었다.

나는 사이다에 기댔다.

나는 사이다를 흡입했다.

나는 사이다를 허락했다.

나는 사이다를 입에 물었다.

나는 나에게 사이다를 줬다.

　세상 모든 어휘를 번갈아 붙여본 후 그중 하나를 고르는 겁니다. 나는 사이다를 입에 물었다. 이게 마음에 들면 이 문장으로 가는 겁니다. 사람들 반응은 순식간 달라집니다. 문장이 다르네요. 신선하네요. 그렇습니다. 문장력은 어휘력입니다. 어휘력은 치열함입니다.

　#3　　　다음은, 한반도의 숨결. 역사를 고스란히 간직하고 있는 느낌을 줍니다. 편안한 느낌이 듭니다. 고요한 아침의 나라 같은 느낌. 그런데 한반도의 숨결을 느낄 수 있는 곳이 고성뿐일까요. 토함산 새벽도, 북한강 물안개도, 독도 갈매기도, 휴전선 철망도 모두 한반도의 숨결 아닐까요.

　누구나 쓸 수 있는 카피라면 고성과 착 달라붙는 힘이 떨어지겠지요. 슬로건이 평퍼짐할수록 접착력은 떨어집니다. 나는 숨결이라는 단어를 평퍼짐의 주범으로 봤습니다. 대신할 단어를 찾으려고 또다시 단순노동을 시작했습니다. 붙였다. 뗐다. 붙였다. 뗐다. 노동은 내게 시작이라는 단어를 던져 줬습니다.

한반도의 시작

한반도의 숨결에 비해 훨씬 직관적으로 들리지 않습니까. 아, 이곳에서 한반도 역사가 기지개를 켰구나. 공룡이 살았던 곳이라니 충분히 그럴 수 있겠어. 그래, 고성이 이런 곳이었어. 내 아버지의 아버지의 아버지의 아버지가 살았던 흔적을 만나러 한번 가봐야지. 이런 생각을 하지 않을까요.

걱정이 있다고요? 한반도의 시작이 고성이 아니라면 역사학자에게 된통 혼날 슬로건 아니냐고요? 논문 아닙니다. 카피입니다. 역사의 시작이 고성임을 증명할 수 있느냐 묻는 사람은 없을 것입니다. 만약 그런 사람이 있다면 오히려 기회일 수 있습니다. 그동안 하고 싶었던 공룡 이야기, 가야 이야기 죄다 쏟아낼 기회.

#4 　　　　다음은, DinoCity. 이 슬로건은 100% 찬성했습니다. 공룡이 고성의 핵심 무기라면 이렇게 적극적으로 사용해야 합니다. 왜냐고요? 다른 곳에선 쓰고 싶어도 쓸 수 없는 스토리니까요. 그것도 공룡이라는 대단히 매력적인 스토리니까요. 당연히 시비를 걸지 않았습니다. 다만 영어 슬로

건이라 고성이 어색해 할 수도 있을 거라는 지적은 했습니다. 카피 한 줄을 내밀며 DinoCity의 우리말 슬로건으로 함께 사용하자 했습니다.

공룡이 놀던 땅

여기서도 짧은 고민은 있었습니다. 땅이 나을까. 곳이 나을까. 그곳이 나을까. 도시가 나을까. 시대가 나을까. 시절이 나을까. 그게 그것 같지만 미세한 느낌 차이는 분명 있습니다. 붙였다. 뗐다. 붙였다. 뗐다. 나는 공룡이라는 주어엔 땅을 붙이는 게 가장 어울린다는 결론을 내렸습니다. 후딱 해치우지 않고 가능한 모든 것을 고려해보는 것, 고민해보는 것이 치열입니다.

#5 　　　다음은, 역사의 발자취. 콘셉트는 괜찮습니다. 그러나 너무 큰 느낌이 듭니다. 나랑 먼 느낌이 듭니다. 앞서 살핀 한반도의 숨결처럼 내가 비집고 들어갈 틈이 잘 안 보입니다. 게다가 어디선가 들어본 말이라 신선도도 부실해 보입니다.

슬로건은 숨결이나 발자취처럼 꼭 명사로 끝을 맺어야 할까요. 기술의 상징. 바른 먹거리. 또 하나의 가족. 혹시 이런 유형의 슬로건을 많이 접해 선입견을 갖고 있는 건 아닐까요.

가끔은 동사, 형용사, 부사가 활약할 기회도 줘야 하지 않을까요. 명사로 딱 끊지 않고 여운을 주는 슬로건. 이런 슬로건이 오히려 맛이 좋을 수 있습니다. 명사를 떼고 동사를 붙여봤습니다.

역사와 악수하다

같은 이야기입니다. 역사의 발자취라는 이야기입니다. 그런데 나랑 먼 느낌이 사라지지 않았습니까. 내 손이 역사와 악수하는 느낌. 내가 역사랑 동급이 된 느낌. 우리 역사 구석구석을 내 손으로 만지는 느낌.

카피라이터는 중매쟁이입니다. 상품을 소비자에게 소개하는 일을 합니다. 어떻게 소개해야 둘이 사랑에 빠져 결혼까지 갈까요. 상대를 만지고 싶은 마음이 들게 해야겠지요. 이거 잘하면 술이 석 잔, 못하면 뺨이 석 대입니다. 오늘 오후 강남역 사거리에서 당신을 스쳐지나간 볼 빨간 남자, 그가 바로 카피라이터입니다. 취했거나 얻어맞았거나.

#6 마지막으로, Go Tomorrow. 미래지향 고성을 보여주고 싶었다고 했습니다. 그런데 더 큰 욕심은 Go라는 영어 단어에 있다고 했습니다. 고성의 첫 글자 '고'와 발음이 같아 카피 맛이 좋다는 것입니다. 말장난입니다. 좋은 접

근이라며 박수를 쳐줬습니다.

나는 말장난을 좋아합니다. 내 주특기 중 하나가 이 기술입니다. 말이 나왔으니 《사람사전》이라는 책에 실린 내 말장난 몇 개 맛보고 가겠습니다.

- **배려** 입으로 격려. 마음으로 염려. 눈빛으로 우려. 박수로 독려. 하지만 배려를 가장한 충고는 구려. 간섭은 질려.

- **패기** 나약 두들겨 패기. 수동 두들겨 패기. 소극 두들겨 패기. 불안 두들겨 패기. 주눅 두들겨 패기. 자신감 쫙 펴기.

- **해** 이름도 해. 하는 일도 해. 밤을 치워줄 테니 하고 싶었던 그것을 해. 비를 멎게 해줄 테니 하려 했던 그것을 해. 겨울을 녹여줄 테니 하다 못한 그것을 해. 오늘 다 못하면 내일 해. 내일도 내가 아침 일찍 나갈 테니까 꼭 해.

의미 또는 재미, 둘 중 하나는 붙들어야 글입니다. 말장난은 재미를 먼저 붙드는 글입니다. 재미를 꽉 붙들고 그 안에 의미를 욱여넣는 글입니다. 글쟁이가 재미를 포기한다면 글 쓰는 즐거움 절반 이상을 놓아버리는 것이라는 게 내 지론입니다.

자, 가던 길 다시 갑니다. Go Tomorrow 고성. 맛은 좋은데 어쩐지 고성스럽지 않아 보이기도 합니다. 역시 영어 때문일 수 있습니다. 나는 고성의 '고'를 가지고 장난친 우리말 슬로건을 생각했습니다.

고맙다, 고성

자연을 그대로 간직해줘서 고맙다. 역사를 그대로 품고 있어줘서 고맙다. 발음도 쉽고 기억하기도 쉬운 따뜻한 슬로건. 편안한 슬로건. 영감이 힘을 쓴 슬로건.

#7 이렇게 내가 받은 슬로건 하나하나에 시비를 걸었습니다. 빠짐없이 걸었습니다. 다 걸고 나자 이런 목소리가 귀에 들리는 듯했습니다. 네 생각은 뭔데? 남이 쓴 카피에 칼질만 하지 말고 네 생각을 내놓아. 앗, 찔렸습니다. 그래, 이왕 들고 가는 것 내 생각도 하나 들고 가자. 추가 슬로건을 고민했습니다. 콘셉트는 과거와 미래가 공존하는 땅.

과거가 미래다

공룡도 가치를 눈치챈 땅입니다. 가야도 가치를 알아본 땅입니다. 이처럼 귀한 땅을 미래가 가만 둘까요. 그럴 리 없겠지요. 다시 치솟겠지요. 역사의 깊이가 미래의 높이를 만든다는 뜻입니다. 과거를 언급하며 미래를 이야기해야 고성다울 것 같아 이렇게 썼습니다.

#8 　　이 꼭지에선 Before / After 두 가지를 경험하라 했습니다. 비교하라 했습니다. 비교 후 누군가는 이렇게 말할 수 있습니다. Before가 더 나아 보이네요. 정말 이렇게 말한다면 나는 할 말이 없겠지요. 고작해야 이런 말을 하겠지요. 모기만 한 목소리로. 카피에 정답은 없습니다.

 밑줄 긋기

- 끝까지 치열하라
- 붙였다. 뗐다. 붙였다. 뗐다. 붙였다. 뗐다
- 카피라이팅은 지루하기 짝이 없는 단순노동이다
- 문장력은 어휘력
- 슬로건이 펑퍼짐할수록 접착력은 떨어진다

2. 코로나는 코리아를 이길 수 없습니다
─ 글은 사람 마음을 어떻게 움직일까

코로나가 세상을 공포로 몰아넣기 시작하던 그때. 확진자라는 낯선 용어와 친해져야 했던 그때. 마스크에 표정을 빼앗긴 사람들이 언제 끝날지 모르는 침묵의 시간을 견뎌야 했던 그때. 대한민국이라는 작은 나라가 절망 끝에서 착실한 희망을 만들어가던 그때. 우리 질병관리본부가 지구 유일의 희망관리본부였던 그때.

그때 이런 생각을 했습니다. 뭐든 하고 싶다. 하지만 나는 의료진이 아니니 대구로 달려갈 수 없다. 건물주가 아니니 임대료를 내릴 수도 없다. 마스크 쓰는 것 말고 내가 할 수 있는 일이 과연 있을까. 과연 있는지 찾아봤더니 과연 있었습니다. 목소리였습니다.

그래, 목소리를 내자. 질병관리본부를 응원하는 캠페인을 하자. 카피라이터로 수십 년 밥 얻어먹고 살았으면 이 난리 통에 가만 앉아 있으면 안 되는 거다. 정철, 일어나. 내가 나를 부추겼습니다. 나는 나의 부추김에 넘어갔습니다. 물론 정부나 기업이 주도하는 목소리가 아니니 힘이 약할 게 뻔했습니다. 그래도 그냥 앉아 있기 싫어 나 홀로 캠페인을 시작했습니다.

캠페인은 총 여섯 차례 이어졌습니다. 카피라이터가 그 상황에서 어느 곳에 주목했는지, 주목한 그곳에서 어떤 이야기를 발견했는지, 어떤 단어를 건져 냈는지, 어떤 표현을 끌어냈는지 찬찬히 살펴주십시오.

#1 먼저 캠페인슬로건을 내걸어야 했습니다. 흔들림 없이 캠페인을 끌고 갈 뚜껑 같은 것입니다. 어렵게 갈 이유는 없었습니다. 캠페인을 해야겠다고 마음먹은 이유가 그대로 캠페인슬로건이 되었습니다.

고마워요, 질병관리본부

어쩌면 너무 쉽게 결정한 슬로건인지도 모릅니다. 그러나 가장 쉬운 것이 가장 좋은 것이라는 말을 믿었습니다. 중요한 건 캠페인 1탄 헤드라인입니다. 이 카피가 힘을 받으면 이어지는 캠페인은 그 힘으로 쭉쭉 달려갈 테니까요.

#2   적을 알고 나를 알면 백전백승. 먼저 적을 살폈습니다. 의학 지식 빵점인 나는 이 괘씸한 바이러스가 어떻게 생긴 놈인지, 어떻게 우리를 괴롭히는지 몰랐습니다. 적진 깊숙이 들어가고 싶어도 아는 게 없어 침투할 수 없었습니다. 과학에게 도움을 청했습니다. 과학은 침 튀기며 뜨거운 설명을 했지만 하나도 들리지 않았습니다. 내 귀에 들리는 건 오직 코로나19라는 이름뿐. 과학이 절레절레 고개를 흔들며 뒤로 물러났습니다. 적을 아는 일에는 거의 실패.

나라도 알아야 합니다. 이것마저 알지 못하면 이 캠페인 접어야 합니다. 나는 누구입니까. 정철입니까. 코로나를 상대로 싸우려는 대한민국 국민입니다. 아니, 대한민국입니다. 적과 나를 살폈더니 단어 두 개가 보였습니다. 또렷이 보였습니다.

코로나

코리아

그래, 이거다. 1탄 헤드라인이 태어나는 순간입니다. 카피라이터는 압니다. 비슷하게 생긴 단어를 잘 조합하면 리듬 좋고 맛 좋은 카피를 건질 수 있다는 것을. 헤드라인이 뚝딱 조립되었습니다.

코로나는 코리아를 이길 수 없습니다

물론 이 바이러스의 공식 명칭은 코로나19입니다. 이 이름을 그대로 가져갔다면 헤드라인이 어떻게 바뀌었을까요. 그렇습니다. 당신이 방금 읊조린 그 헤드라인이었을 것입니다. 리듬이 깨집니다. 맛도 깨집니다. 때론 이렇게 정답을 살짝 거부할 줄 알아야 보다 맛 좋은 카피를 건질 수 있습니다.

헤드라인은 건졌습니다. 이제 겨우 헤드라인 하나 건진 걸까요. 아닙니다. 무려 헤드라인을 건진 겁니다. 누군가는 헤드라인 한 줄이 광고의 성패 70%를 좌우한다 말했습니다. 거의 동의합니다. 나도 열 시간 연필을 쥐면 일곱 시간은 헤드라인 한 줄에 줍니다. 자, 상상하십시오. 마음에 드는 헤드라인을 건진 후, 황홀한 표정으로 자신의 머리를 쓰다듬는 한 늙은 카피라이터의 주책을.

물론 헤드라인이 끝은 아닙니다. 이제 헤드라인을 품어주고 풀어주는 바디카피를 써야 합니다. 광고용어를 잘 모르신다면 헤드라인은 제목, 바디카피는 본문이라 이해하시면 됩니다. 나는 1탄 카피의 핵심은 자신감이어야 한다고 생각했습니다. 헤드라인도 자신감. 바디카피도 자신감. 바이러스와 싸워 이기려면 국민 모두가 이 묵직한 무기를 먼저 손에 쥐어야 한다고 믿었습니다. 1탄 카피는 이렇게 정리했습니다.

코로나는 코리아를 이길 수 없습니다
코리아엔 지구 최강 공무원이 있습니다. 지구 최강 의료진이 있습니다. 우리 모두가 그들을 믿고, 그들의 조언을 따르고, 그들을 뜨겁게 응원한다면 바이러스는 곧 무릎을 꿇을 것입니다. 코로나 19는 뜨거운 기운 속에서는 살 수 없습니다. 지금 우리는 뜨겁습니다.

그땐 겨울이었습니다. 사람들은 기온이 오르면 바이러스가 움츠러들 거라 했습니다.(실은 그렇지도 않았지만) 하지만 하루하루가 지옥인데 여름까지 기다릴 수는 없는 일. 그래서 지금 우리는 뜨겁다고 했습니다. 그 뜨거움으로 바이러스를 제압하자는 선동.

비주얼은 마스크를 사용했습니다. 코로나를 연상하는 가장 쉽고 단순한 비주얼이 마스크니까요. 마스크 위에 그리 길지 않은 카피를 얹히는 레이아웃(카피나 비주얼을 효과적으로 배치하는 작업)을 택했습니다. 캠페인 1탄이 완성되었고 그것은 SNS를 통해 세상으로 나갔습니다.

반응은 뜨거웠습니다. 많은 사람들이 헤드라인에 동의해주었고 캠페인을 공유해주었습니다. 혼자 내는 목소리라 힘이 약할 거라는 기대는 무참히 무너졌습니다. 자신감에 목말랐던 사람들에게 자신감을 쥐어줬기에 가능한 일이었을 것

이제 겨우 헤드라인 하나 건진 걸까요.
아닙니다. 무려 헤드라인을 건진 겁니다.

입니다.

여기저기서 이 카피 써도 되느냐는 문의가 잇달았습니다. 갖다 쓰라고 쓴 카피이니 어서 가져가라고 대답했습니다. 묻지 말고 훔쳐가라고 대답했습니다. 한국도로공사는 경부고속도로 서울 톨게이트에 이 헤드라인을 대문짝만하게 써 붙이기도 했습니다. 캠페인 1년 후, 코로나 백신 수송차량 몸통 한가운데에도 이 카피가 늠름하게 붙어 있었습니다. 묻지 말고 훔쳐가라 했지만 대한민국 정부마저 그렇게 할 줄은 몰랐습니다. 모두 무료였습니다.

#3 1탄 반응에 힘을 얻어 2탄으로 달려갔습니다. 이미 비주얼 아이디어와 레이아웃은 준비되어 있으니 카피만 생산하면 됩니다. 캠페인에서 매우 중요한 것 하나가 통일감입니다. 같은 흐름. 같은 형식. 같은 느낌.

단발광고는 임팩트 하나로 승부하지만 캠페인은 일정 기간 메시지와 이미지를 차곡차곡 쌓아 그 두께로 승부합니다. 이미지가 누적되려면 메시지는 조금씩 바뀌더라도 통일된 느낌이 흔들려서는 안 됩니다. 2탄 카피의 핵심은 뭉클함이었습니다.

울컥이 울컥을 낳고 있습니다

우리는 정은경 질병관리본부장의 수척한 얼굴에 울컥합니다. 대구를 향해 달리는 구급차 행렬에 울컥합니다. 가게 임대료를 인하하는 사람들에 울컥합니다. 다음 울컥은 무엇일까요. 이 어려움 이겨 내고 서로에게 박수치는 우리 자신의 모습에 울컥할 것입니다. 우리, 이깁니다.

그랬습니다. 대한민국이라는 이 이상한 나라는, 이 이상한 나라의 이상한 국민은 바이러스보다 빠른 속도로 희생을, 배려를, 믿음을 전염시키고 있었습니다. 울컥을 전염시키고 있었습니다. 우리가 이 전쟁에서 이길 수 있다는 희망의 기운이 점점 넓어져갔습니다.

#4 　　한동안 특정 종교, 특정 지역에서 확진자가 쏟아져 나왔습니다. 행여 희망이 무너지는 건 아닌지 사람들은 불안해했습니다. 조급해했습니다. 비난의 목소리가 조금씩 커졌고, 혐오의 말들이 사람들을 아프게 때렸습니다. 이런 모습은 이제 막 붙잡은 희망의 기운에 찬물을 쏟을 수도 있었습니다.

캠페인이 늘 아름다운 말만 할 수는 없습니다. 때론 아픈 말도 해야 합니다. 지적도 호통도 위협도 필요하다면 해야 합니다. 물론 그 목소리가 호전적이어서는 곤란하겠지요. 비난하는 사람을 비난하고, 조롱하는 사람을 조롱해서는 안 되겠지요. 3탄에선 모두의 입에게 인내와 배려를 간곡히 부탁했습니다.

마스크는 두 가지 기능을 합니다

하나는 바이러스 차단. 또 하나는 쉿. 입에게 조금만 참아달라고 부탁합시다. 비난 쉿. 조롱 쉿. 차별 쉿. 혐오 쉿. 서로에게 상처를 주는 아픈 말이 바이러스보다 더 위험한 바이러스입니다. 지금은 우리가 배운 아름다운 말들을 아낌없이 사용할 때입니다. 격려. 배려. 위로. 응원. 포옹. 칭찬. 믿음. 긍정. 희망.

마스크는 두 가지 기능을 합니다. 이런 문장이 헤드라인입니다. 사람들의 가장 큰 관심사인 마스크를 주인공으로 내세웠으니 일단 시선이 갑니다. 기능 하나는 내가 아는데 또 하나는 뭐지? 궁금증이, 호기심이 바디카피를 읽게 합니다. 만약 헤드라인이 이런 카피였다고 상상해보십시오.

내 이웃을 배려합시다

바디카피를 읽고 싶을까요. 두 가지 카피를 양손에 들고 무게를 느껴보면 헤드라인이 어떤 일을 해야 하는지 알 수 있습니다. 헤드라인은 타깃의 눈을 붙잡아 바디카피 첫 줄로 데려가는 일을 해야 합니다.

#5   힘겨운 2월이 가고 3월이 왔습니다. 3월 첫날은 101주년 3.1절. 그러나 기념행사를 크게 할 수 없었습니다. 코로나가 강요한 거리두기 때문입니다. 이 캠페인에서라도 독립만세를 외치고 싶었습니다. 그래서 3월 1일 내보낸 4탄은 마스크로부터의 독립을 이야기했습니다.

독립만세

오늘은 유관순 누나가 말씀하십니다. 멋진 나라 만들어줘서 고맙다고. 코로나에 지지 않는 코리아가 자랑스럽다고. 응원도 해주십니다. 지금처럼 열과 성을 다해 싸워준다면 곧 마스크로부터 독립할 거라고. 진심은 힘이 세다고. 결국 이긴다고. 그렇습니다. 우리는 지금 충분히 자랑스럽습니다.

카피라이터는 그때그때의 이슈, 유행, 관심을 놓치지 않습니다. 세상 돌아가는 일에 늘 안테나를 세우고 삽니다. 오늘이 무슨 날인지, 수요일 광화문에서 어떤 행사가 있는지, 드라마 〈나의 아저씨〉를 왜 두 번 세 번 다시 보는지, 태평양 건너 미국 대통령 선거에서 무슨 일이 일어나고 있는지 두루두루 살핍니다. 참 피곤한 인생입니다. 그러나 피곤이 아이디어를 쥐어줍니다.

3.1절은 독립이라는 단어를 내게 줬고, 나는 이를 마스크로부터의 독립이라는 콘셉트로, 카피로 살려 냈습니다. 과학

과 영감이 잘 섞인 결과입니다. 만약 이 날이 식목일이었다면 내가 어떤 녀석들을 주목했을까요. '나무'라는 명사. '심다'라는 동사. '푸르다'라는 형용사.

#6　　　　대한민국이 바이러스와의 전쟁에서 전과를 올리자 전 세계 언론은 우리를 주목했습니다. 칭찬을 아끼지 않았습니다. 부러움을 감추지 않았습니다. 국민 모두의 어깨가 으쓱 올라갔습니다. 마스크에 눌려 헐어버린 간호장교 콧등에 새살이 돋기 시작했습니다. 이 지독한 바이러스와 싸워 이길 수 있다는 믿음이 차올랐습니다.

그런데 언론이 다 같지는 않았습니다. 유독 우리 언론은 내 나라 방역 칭찬하는 일에 인색했습니다. 시비 걸기에 바빴고 깎아내리기에 바빴습니다. 이런 보도는 간호장교의 아픈 콧등을 한 번 더 짓눌렀습니다. 너무 심하다 싶었습니다. 기자를 비하하는 새로운 말이 생겨 돌아다니는 이유를 알 것 같았습니다. 5탄은 언론이 쥔 펜과 마이크를 빼앗아 국민에게 주고 싶은 마음을 담았습니다.

그대에게 펜과 마이크를 드립니다
TV 뉴스를 봅니다. 우울합니다. 신문을 폅니다. 화가 납니다. 공포를 생중계하고, 가짜뉴스를 생산하고, 불신을 퍼뜨리는 괴물 같은 기자들을 보면 서글픔을 넘어 안쓰러운 마음까지 듭니다. 마음을 다독이며 인터넷에 접속합니다. 국민 목소리를 눈으로 들어봅니다. 들립니다. 격려가 들립니다. 응원이 들립니다. 긍정이 들립니다. 내 공동체는 내가 지킨다는 마음. 질병관리본부는 그 마음을 먹고 힘을 냅니다.

#7 사실 캠페인은 5탄으로 끝내려 했습니다. 내가 할 수 있는 일을 했고 어느 정도 뿌듯함도 거두었으니까요. 그런데 그때 캠페인 주인공인 마스크에 문제가 생겼습니다. 5부제 공급을 시작했는데 사람들은 약국 앞에 길게 줄을 서야 했습니다. 줄을 서고도 사지 못한 불만이 여기저기에서 터져 나왔습니다.

하나만 더 만들자. 마스크 때문에 화난 마음 다독여주는 광고 하나만 더 만들고 캠페인을 접자. 이런 생각으로 만든 것이, 나보다 더 필요한 사람에게 내 몫의 마스크를 양보하자는 광고였습니다. 이건 이 캠페인이 제안한 건 아니고 그런 흐름이 있어 동참한 것입니다. 6탄 카피가 가장 짧았습니다.

이 마스크, 당신 먼저
나가 모이면 우리가 되는 게 아니라
나를 버려야 우리가 된다.

길게 이야기할 이유가 없으면 짧게 가는 겁니다. 아니, 길게 가야 할 이유가 있어도 조금 더 짧게 갈 수는 없을까 고민해야 합니다. 아래 두 헤드라인을 번갈아 읽어보시면 어느 쪽 리듬이 더 좋은지, 왜 짧게 가야 하는지 알 수 있습니다.

이 마스크는 당신이 먼저 가지세요.
이 마스크, 당신 먼저.

바디카피는 《내 머리 사용법》이라는 내 책에서 가져온 글입니다. 양보라는 주제에 딱 맞는 글인 것 같아 내가 나에게서 훔쳐온 것입니다. 이렇듯 세상 모든 것이 창작의 재료가 될 수 있습니다. 뭐든 갖다 써라. 뭐든 패러디 하라. 먼저 찾는 놈이 임자다. 먼저 쓰는 놈이 임자다.

카피라이터는 이런 생각을 한시도 놓지 않습니다. 훔치십시오. 경찰을 두려워하지 마십시오.

#8 캠페인은 이렇게 끝났습니다. 공책을 훑어봅니다. 카피 하나가 더 보입니다. 캠페인에 합류하지 못한 카피. 죽은 자식입니다. 내 공책엔 적혔지만 세상 빛을 보지 못한 카피를 나는 죽은 자식이라 부릅니다.

사람들은 코로나보다 더 큰 위기가 코로나 이후에 온다고 했습니다. 코로나는 사람만 위협하는 게 아니라 생산마저, 소비마저, 일자리마저 무차별 짓밟고 있었으니까요. 경제 위기를 넘기는 데 힘이 되는 제안 같은 걸 캠페인에 넣어보려 했습니다. 하지만 이 카피는 사회적 거리두기와 충돌했습니다. 내보낼까 말까 고민하다 접었습니다. 그러나 이 책은 죽은 자식도 소개합니다. 애비 마음입니다.

지갑이 손수건입니다

식당이 웁니다. 여행사가 웁니다. 동네서점이 웁니다. 우리의 지나친 조심이 이들을 울게 합니다. 살자고 하는 조심입니다. 나도 살아야 하지만 식당도 함께 살아야 하지 않을까요. 우리 호주머니 속에는 이들의 눈물을 닦아줄 가죽 손수건이 있습니다. 오늘 저녁, 동네 돼지갈비집에서 그 따뜻한 손수건을 꺼내는 건 어떨까요.

#9　　　세상이 멈췄던 그때. 소통도 희망도 사랑도 한없이 쪼그라들었던 그때. 그때 이런 캠페인을 할 수 있었다는 건 영광이었습니다. 보람이었습니다. 물론 카피라이터는 돈을 받고 기업이나 상품 이야기를 대신 하는 사람입니다. 그러나 그것이 그 사람 인생의 전부는 아닐 것입니다. 내 작은 재주가 공동체에 보탬이 된다면 그것을 기꺼이 내놓을 줄 아는 사람. 이런 사람이 진정한 카피라이터 아닐까요.

 밑줄 긋기

- 가장 쉬운 것이 가장 좋은 것
- 캠페인은 통일감이다
- 궁금증이, 호기심이 바디카피를 읽게 한다
- 죽은 자식도 버리지 말고 보관할 것
- 공동체를 생각할 줄 알아야 진정한 카피라이터

3. 경쟁, 승리, 패배
― 광고회사가 왜 프리랜서를 쓸까

정 카피님, 요즘 바쁘세요? 아뇨, 완전 한가해요. 질문과 대답이 오가면 일 하나가 시작됩니다. 바로 광고회사와의 협업입니다. 프리랜서는 광고주와 직거래할 때도 있지만 이렇게 광고회사와 손잡고 일할 때도 적지 않습니다. 이런 일의 대부분은 경쟁 프레젠테이션입니다. 큼지막한 광고주 하나를 모셔오고 싶은 광고회사는 회사 밖에 있는 연필에게도 돈을 씁니다. 카피라이터 정철은 한동안 한 광고회사의 용병이 됩니다.

광고회사에도 카피라이터가 있는데 왜 밖에 있는 카피라이터를 찾는 걸까요. 광고회사에서 월급 받는 카피라이터 모두가 다른 일에 묶여 있거나, 일의 무게를 혼자 감당할 카피라이터를 아직 키우지 못했을 때, 이때 일은 밖으로 나옵니다. 프리로 일하는 카피라이터가 몇 되지 않으니 그런 일은 가끔 내 몫이 됩니다. 프리랜서 정철이 밥 굶지 않고 사는 이유입니다.

#1   광고회사 회의실. 내 앞엔 브리프 몇 장이 놓여 있습니다. 광고주는 BC카드입니다. 기획이 설명을 합니다. 이번 전쟁이 어떤 전쟁인지. 상대는 누구인지, 어떤 무기가 우리 손에 있는지, 출전을 앞둔 장교 포스로 진지하게 설명을 합니다.

내겐 이 시간이 무척 중요합니다. 귀는 기획의 말에게 주고 눈은 브리프의 글자에게 주는 이때, 나는 바쁘게 연필을 놀리며 브리프 여백에 뭔가를 적어나갑니다. 귀와 눈이 건진 것들입니다. 들으며 읽으며 떠오르는 잡다한 것들입니다. 프로젝트와 처음 마주하는 순간 떠오르는 어떤 것들. 그것들은 종종 내 아이디어 A안 또는 카피 A안이 되곤 합니다.

작업실로 돌아와 브리프를 다시 봅니다. 여백을 다시 봅니다. 브리프에 적힌 것들이 과학이라면 여백에 내가 적은 것들은 영감입니다. 둘 다 생각의 실마리입니다. 이제 이것들을 근사한 생각으로, 그럴싸한 문장으로 둔갑시키면 됩니다. 더합니다. 뺍니다. 곱합니다. 나눕니다. 뒤집습니다. 내가 가진 기술을 총동원하여 생각의 실마리들을 괴롭힙니다. 그런데 놈들은 별로 괴로워하지 않는 것 같습니다. 슬슬 내가 괴로워지기 시작합니다. 좀처럼 이거다! 하는 게 잡히지 않습니다.

그럴 때가 있습니다. 머리가 무거워 어떤 선을 넘지 못하고 자꾸 미끄러질 때. 생각에 열심히 칼을 갖다 대지만 칼날

이 무뎌 생각을 날씬하게 자르고 부드럽게 다듬지 못할 때. 다음 회의는 잡혀 있고 시간은 용서가 없고. 결국 나는, 이건 좀 아닌데! 하는 카피 몇 개 들고 광고회사로 향합니다. 발걸음이 무겁습니다.

#2　　2차 회의. 그간 기획서 흐름은 꽤 깔끔하게 정리되어 있었습니다. 시대의 고민이 타깃의 고민이다. 불신, 불안, 상실 같은 것들. 사는 일에 쫓겨 소중함을 잊고 지냈던

가족, 친구, 연인 그리고 내 꿈에게 내가 먼저 말을 걸자. 사랑한다는, 고맙다는, 미안하다는 말을 더 미루지 말고 지금 하자. 그래서 그들에게 위로와 위안을 주자. 따뜻한 힘을 주자. 그런데 그게 BC카드와 무슨 관계가 있지? 당연히 있지. 아주 많이 있지. 가족, 친구, 연인 그리고 내 꿈을 위해 지금 카드를 꺼내자는 메시지를 던질 수 있으니.

지금.

황금, 소금과 함께 인생에서 가장 소중하다는 그것. 광고회사가 준비한 키워드는 '지금'이었습니다. 그렇습니다. 요즘 사람들은 미래에 있을지 모르는 100그램짜리 행복을 위해 지금 내 손에 잡히는 10그램짜리 행복을 희생하지 않습니다.

비만이 올지 모르니 채식하라.
허약이 올지 모르니 운동하라.
빈곤이 올지 모르니 저축하라.
내세가 올지 모르니 종교하라.

사람들은 더 이상 이런 말에 위축되지 않습니다. 지금 행복한 일에 기꺼이 돈을 씁니다. 기꺼이 시간을 씁니다. 내일은 내일이고 오늘은 오늘입니다. 광고회사는 지금이 지금을 붙잡을 때라 말했고 나는 고개를 끄덕였습니다. 그들은 내 앞에 이런 슬로건을 내놓았습니다.

지금 하세요

요 며칠, 이거다! 하는 슬로건에 목말랐던 내겐 단비 같은 슬로건이었습니다. 나는 이 카피와 이 카피를 내놓은 그 회사 젊은 카피라이터에게 아낌없는 박수를 보냈고, 그날 회의는 이것 하나 건진 것으로 끝났습니다. 내가 들고 간, 이건 좀 아닌데! 하는 카피는 테이블 위에 오르지도 않았습니다. 그날 내가 칭찬받을 짓을 했다면 들고 간 카피를 꺼내지 않은 일, 그것 하나뿐이었을 것입니다.

다시 내 작업실. 비싼 돈 주고 프리랜서 썼는데 정작 슬로건은 내부에서 나오다니. 우리 용병님은 잘하시는 게 뭘까. 그래, 박수는 잘 치시더라. 나는 내가 떠난 광고회사 풍경을 이렇게 아프게 그렸습니다. 자존심을 다쳤기 때문입니다. 다친 자존심에 약을 바르며 다음 회의를 기다렸습니다. 내 자존심을 살릴 캠페인 줄기는 반드시 내 손으로 찾아내야 해.

#3 확 다른, 정말 다른, 완전히 다른 캠페인을 찾고 싶었습니다. 다른 광고회사는 생각조차 할 수 없는 그

무엇을 들고 가고 싶었습니다. 그러나 의욕과 결과가 늘 비례하는 건 아니지요. 그 무엇은 쉽게 내 앞에 나타나주지 않았습니다. 하얀 백지는 며칠째 연필을 받지 못하고 하얗게 누워 있었습니다. 나는 백지를 앞에 두고 하릴없이 연필만 돌렸습니다. 중학교 때부터의 버릇. 빙그르르. 빙그르르. 40년을 돌렸는데 여전히 서툽니다. 손등을 타고 돌던 연필은 책상 위로 추락했고, 떼구루루 굴렀고, 책 한 권과 슬쩍 부딪치며 멈췄습니다.

《한 글자》

내 책입니다. 연두색 표지라 별명이 메로나였던 책. 소중한 것은 한 글자로 되어 있다, 라는 부제를 썼던 책. 꿈, 별, 꽃, 밥, 봄, 집, 술 같은 한 글자 262개를 추려 그것들을 제목으로 짧은 글을 쓴 에세이입니다. 당시 베스트셀러에 올라 꽤 잘 팔리고 있었습니다.

연필이 멈춘 그곳에 내 시선도 멈췄습니다. 왜 연필이 저 책에게 달려갔을까. 내게 무얼 말하려는 걸까. 생각이 막힐 땐 조급하게 굴지 말고 책이나 뒤적거리며 시간을 가지라는 걸까. 그래, 그래 보자. 책을 들고 몇 장 넘겼습니다. 다 아는 글이었습니다. 재미없었습니다. 덮었습니다. 녹색 띠지가 책을 두르고 있었습니다. 느끼하게 웃는 내 사진 곁에 적힌 세 글자가 눈에 들어왔습니다.

역발상.

이것이 내 주특기라 우기며 출판사가 그렇게 달아놓았습니다. 연필이 나를 책에 데려간 이유가 이 역발상이라는 단어를 손에 쥐어주려는 건 아니었을까. 아, 그래, 알 것 같았습니다. 그즈음 나는 내 소개를 이렇게 했습니다. 절반은 카피라이터, 절반은 작가. 나는 나를 둘로 쪼개 소개했습니다. 카피라이터와 작가 사이엔 높은 문턱 하나가 놓여 있다는 듯이.

역발상은 무엇일까? 문턱을 발로 걷어 차버리는 것 아닐까? 카피라이터와 작가를 왜 자꾸 분리하려 하지? 광고와 책을 왜 자꾸 나누려 하지? 둘을 엮어봐. 섞어봐. 붙여봐. 책 속엔 지금 우리가 말을 붙이려는 가족, 친구, 애인, 꿈 같은 것들이 잔뜩 살고 있어. 그들을 데리고 나오는 거야. 이른바 책과 광고의 콜라보!

됐습니다. 찾았습니다. 책에 실린 글을 꺼내면 됩니다. 하나씩 꺼내 보여주면 그것으로 광고가 되고 캠페인이 됩니다. 모처럼 영감이 밥값을 하는 순간이었습니다. 그래, 이 책에 실린 글만으로 캠페인을 하는 거야. 다른 광고회사가 이런 콜라보를 들고 올 리 없어. 작업 시작하고 처음으로, 이거다! 하는 황홀함을 느꼈습니다.

하나하나 다 짧은 글이라 카피로 옷을 바꿔 입는다 해도 수선하거나 사이즈를 만질 필요가 없습니다. 그냥 꺼내 그냥 쓰면 됩니다. 상처받은 자존심이 조금씩 기운을 차리는 것 같았습니다. 아니, 어느새 나는 살짝 거만한 표정을 짓고 있었습니다.

#4 책을 뒤졌습니다. 타깃별로 한두 개씩 10여 개 글을 골라냈습니다. 이를 A4용지에 프린트해 가방에 쑤셔 넣고 광고회사로 갔습니다. 발걸음은 가벼웠습니다. 회의실 의자에 엉덩이를 붙이자마자 책 한 권을 테이블 위에 올려놓았습니다.

이게 뭐지? 하는 표정들이었습니다. 이 책 아시죠? 네, 정 카피님이 쓴 책. 이걸로 갑시다. 다짜고짜 이걸로 가자니. 어. 리. 둥. 절. 이번 피티 이 책으로 가자고요. 여기 있는 글로 캠페인을 하는 겁니다. 한 글자 캠페인! 책과 광고의 만남! 협업! 동업! 콜라보!

나는 내 자존심을 회복할 아이디어를 주저 없이 꺼냈고 광고회사는 이를 흔쾌히 받았습니다. 새로울까. 재미있을까. 괜찮을까. 의심도 살짝 있어 보였지만 내 자신 있는 표정과 단호한 말투는 그것들을 어렵지 않게 주저앉혔습니다.

테이블 위에 내가 고른 한 글자 10여 개가 펼쳐졌습니다. 영상 편집하기엔 너무 많다는 의견이 있었습니다. 기꺼이 양보했습니다. 다섯 개를 골라 들고 가기로 했습니다. 그것들은 효, 때, 결, 길, 반이었습니다.

- **효** 수천 년 전에도 효도하는 법은 하나뿐이었다.
  수만 년 후에도 효도하는 법은 하나뿐일 것이다.
  살아계실 때 한다.

  지금 하세요, BC

- **때** 너무 늦은 게 아닐까?
  그래서 하려는 거야.
  너무 늦었는데도?
  더 늦으면 영영 못 할 것 같으니까.

  지금 하세요, BC

- **결** 결혼은 격이 맞는 사람과 하는 게 아니라
  결이 같은 사람과 하는 것이다.
  격혼이 아니라 결혼이다.

  지금 하세요, BC

● 길   시선이 땅을 향하고 있으면
　　　　날개가 있어도 날아오르지 못한다.
　　　　길은 바라보는 쪽으로 열린다.

　　　　지금 하세요, BC

● 반   시작이 반이다.
　　　　나머지 반은 시작한 일을 끝까지
　　　　해낼 수 있을까 하는 의심을 끝내는 것이다.
　　　　저지르는 게 반, 믿는 게 반이다.

　　　　지금 하세요, BC

  이 중 '결'이라는 글. 실은 죽었다 살아난 글입니다. 책엔 262개의 한 글자가 들어갔지만 어디 그것만 살폈겠습니까. 그 두 배는 살폈을 겁니다. 300개가 훨씬 넘는 글을 썼을 겁니다. 나는 원고를 찬찬히 다시 읽으며 '결'이라는 한 글자를 최종 원고에서 걸어 냈습니다. 왠지 유치하다는 생각이 들어서 그랬을 것입니다. '결'은 딱 죽을 운명이었습니다.

  출판사가 조심스럽게 말했습니다. 글이 대여섯 개 더 있었으면 좋겠다고. 그래야 책의 꼴이 완벽해질 것 같다고. 손을 털었다고 믿은 나는 다시 연필을 들기 싫었습니다. 출판사에 보내지 않은 글 대여섯 개를 골랐고 거기엔 '결'도 끼어 있었습니다. 그렇게 살아남은 글입니다.

  재미있는 건 책이 출간되고 이 글에 대한 독자 반응이 의

외로 좋았다는 것입니다. 내가 독자 감성을 따라잡지 못하는 어설픈 작가라는 것이 탄로 났습니다. 그렇게 어렵게 살아남은 녀석이 이젠 광고 카피로까지 나선다니, 세상 참 재미있지 않습니까. 운명 참 묘하지 않습니까.

한 글자 다섯 개로 TV광고 다섯 개를 만들었습니다. '효'는 소파에서 잠든 아버지의 안경을 벗겨드리는 딸을, '때'는 드럼을 배우고 싶은 늙수그레한 남자를, '결'은 결혼을 고민하는 남녀를, '길'은 행글라이더에 도전하는 청춘을, '반'은 매운 음식을 앞에 둔 여학생을 보여주는 영상으로 각각 편집되었습니다. 물론 촬영을 한 건 아니고 영화나 드라마 영상자료를 활용했습니다.

이런저런 아이디어가 더해졌습니다. 한 글자를 BC카드 로고인 빨간 동그라미 안에 집어넣자는 싱싱한 아이디어도 나왔습니다. 브랜드와 크리에이티브를 연결하는 훌륭한 고리가 생긴 거지요. 광고는 브랜드를 향해 달려가야 합니다. 광고와 브랜드, 광고와 제품, 광고와 기업이 연결고리 하나 없이 따로 노는 광고만큼 허약한 광고는 없을 것입니다.

소비자에게 내 인생의 한 글자를 이야기해달라는 프로모션 아이디어도 붙었습니다. 이렇게 한 글자를 축으로 이런저런 생각들을 더해갔습니다. 제안은 풍성해졌고 자신감도 단단해졌습니다.

#5   결과는 어땠을까요. 이겼습니다. BC카드는 내가 용병으로 참전한 광고회사 품에 안겼습니다. 기뻤습니다. 떼구루루 구른 내 연필이 힘을 보탰다는 사실이 고마웠습니다. 그렇다고 내가 카피료를 더 받는다거나, 사용한도 없는 BC카드 한 장을 보너스로 챙긴다거나 하는 일은 없습니다.

그날 하루, 나는 나에게 박수를 치며 아주 깊이 술에 빠졌습니다. 어디선가 누군가는 아파하고 있을 거라는, 쓰디쓴 술잔을 들이키고 있을 거라는 사실은 알면서도 모른 척했습니다. 경쟁. 승리. 패배. 카피라이터의 숙명입니다. 때론 성취, 때론 상처.

사족.

이 캠페인을 끌고 갈 모델도 제안해야 했습니다. 인기, 이미지, 모델료 등을 고려한 끝에 배우 공유가 낙점되었습니다. 그냥 적당하다고 생각했습니다. 과한 기대는 없었습니다. 그런데 이 선택은 그야말로 신의 한 수였습니다. 광고가 나가고 얼마 후 〈도깨비〉라는 드라마가 시작된 것입니다.

공유 인기는 하늘을 쳤습니다. 다음해 BC카드 달력. 공유 사진 열두 장에 《한 글자》에 실린 글 열두 개를 붙여 만들었는데 정말 돈 주고도 못 구하는 달력이 되었습니다. 물론 공유가 곁에서 실실 웃고 있으니 내 글은 읽히지 않았겠지요.

어쨌든 공유 덕에 광고 인기도 덩달아 올라갔음은 물론입니다. 수치로 계량할 수는 없지만 내 책《한 글자》도 공유 덕을 쏠쏠히 봤을 것입니다.

 밑줄 긋기

- 브리프 여백은 또 하나의 공책
- 처음 떠오르는 것이 아이디어 A안이 된다
- 시대의 고민이 타깃의 고민
- 문턱을 발로 걷어 차버리는 것이 역발상
- 광고와 브랜드 사이에 연결고리 하나는 있어야 한다

4. 건방진 대화
— 힘 있는 슬로건은 어떻게 만들어지는가

대학 총장님이 전화를 주셨습니다. 영동대학교라고 했습니다. 강원도 어디쯤에 있는 대학이려니 했습니다. 이른 아침 호텔 커피숍에서 만나자 하십니다. 서울까지 달려와 조찬 강연을 듣는다니. 꽤나 열정적으로 사는 총장님이구나. 꽉 막힌 총장님은 아니겠구나. 만났습니다.

영동대학교는 강원도가 아니라 충북 영동에 있는 대학이었습니다. 이제 곧 유원대학교로 이름이 바뀐다고 했습니다. U1. University 1. 으뜸 대학이라는 뜻입니다. 거의 모든 지방 대학이 그렇듯 이 학교도 많이 힘들다고 했습니다. 수도권과의 거리 때문에 학생 모집이 어렵다고 했습니다. 이름을 바꾸며 이미지도 확 바꾸고 싶다고 했습니다. 어떤 발칙한 아이디어도 받아들일 준비가 되어 있으니 도와달라고 했습니다.

도와달라는 건 무슨 얘기일까요. 나를 믿는다는 뜻일 겁니다. 내 생각을, 내 접근을, 내 카피를 믿는다는 뜻일 겁니다. 누군가 내게 기대를 갖는다는 것. 기대고 싶어 한다는 것, 참

고마운 일입니다. 해 보겠다고 했습니다.

내가 총장님에게, 아니 유원대학에게 배달한 생각을 총장님과의 대화 형식으로 들려드립니다. 왜 대화 형식이냐고요? 카피는 대화니까요. 카피라이터 1과 소비자 1이 마주앉아 주고받는 대화니까요. 총장님도 내 카피의 소비자이니까요. 그런데 왜 이 꼭지 제목이 건방진 대화냐고요? 건방진 대답을 드립니다. 읽어보세요.

#1

- 총장님. 이제부터 고만고만한 대학 소개를 지루해하는 학생과 학부모에게 유원대학을 알리는 방법을 말씀드리겠습니다.
— 말씀하시지요.
- 대한민국 대학의 가장 큰 문제. 뭐라고 생각하십니까. 네 글자로 대답하신다면?
— 입시제도?
- 진도 5-6 지진처럼 자주 흔들리는 입시제도. 큰 문제입니다만 정답은 아닙니다.
— 학생식당?
- 청춘의 식욕을 달래주지 못하는 초라한 학식. 문제는 있지만 정답과는 여전히 거리가 있습니다.
— 음주문화?

카피는 대화니까요.
카피라이터 1과 소비자 1이
마주앉아 주고받는 대화니까요.

- 이런 지적하는 사람들의 은밀한 공통점. 대학 땐 학생 중 맡기며 마셨다는 것. 자, 문제가 어렵습니까. 까짓 것 정답을 알려드리겠습니다. 죽. 은. 공. 부. 바로 이 네 글자가 가장 큰 문제입니다.
— 죽은 공부가 뭐죠?
- 심장이 멈춰버린 공부입니다. 써먹을 데 없는 공부입니다. 10년 전 교재를 그대로 물려받는 공부입니다. 열심히 할수록 수명이 단축되는 공부입니다.
— 슬픈 일이네요.
- 한숨이 절로 나올 일이지요. 그런데 대학은 왜 이런 죽은 공부를 시킬까요. 다른 대학도 다 그렇게 하기 때문입니다. 졸업 후는 나 몰라라 하기 때문입니다. 학과 시스템이 그렇게 되어 있기 때문입니다. 교수님들의 지독한 게으름 때문입니다. 서울에서 가까우면 학생이 그냥 오기 때문입니다.
— 서울에서 가까우면. …부럽네요.
- 자, 죽은 공부의 절친들을 소개합니다. 죽은 교재. 죽은 교수. 죽은 수업. 죽은 학과. 죽은 학점. 죽은 학생. 죽은 미래.
— 죽은 총장?
- 아, 아닙니다. 총장님은 어떻게든 살아갈 방법을 찾고 계시니 빼드리겠습니다.

― 고맙군요.

● 누가 이 슬픈 현실을 바꿀 수 있을까요. 서울대? 그럴 필요가 전혀 없지요. 고려대? 연세대도 안 하는데 뭐. 연세대? 고려대도 안 하는데 뭐. 이름 좀 있는 대학은 하나같이 오늘, 지금, 현재에 안주합니다. 야단맞아도 쌉니다.

― 야단맞더라도 부럽네요.

● 부러워 마십시오. 이제 감히 충청도 구석에 자리한, 이름도 처음 듣는 유원대학이 시작합니다. 그래, 너희가 안 하면 내가 한다. 누군가 꼭 해야 한다면 내가 한다. 이렇게 일전불사를 외치는 겁니다. 이 얼마나 건방진 사건입니까.

― 이런 걸 사건이라고 하는군요.

● 사건의 전말은 이렇습니다. 학과도 무겁지 않은 작은 셀로 바꾸고, 교재도 기업 기획서 못지않은 당장 써먹을 것들로 채우고, 교수도 미래와 대화하지 못하면 안녕 짐을 싸야 하고…. 이제까지의 죽은 공부를 모두 허물고 그 자리에 새로운 공부를 우뚝 세우는 그야말로 초특급 울트라 사건입니다. 이런 대형 사고를 친 범인이 우리 유원대학이라면 자랑스럽지 않겠습니까.

― 기꺼이 공범이고 싶네요.

● 이런 자랑스러운 마음으로 슬로건을 고민했습니다.

모두 세 가지 방향입니다. 첫째, 죽은 공부 안 한다는 콘셉트에 충실한 안. 둘째, 새 이름을 알리는 안. 셋째, 도발적인 안.

— 꿀꺽.

● 먼저 콘셉트 충실 안입니다. 죽은 공부의 반대말은 무엇일까요. 산 공부일까요. 산 공부가 무슨 뜻인지 금방 안 옵니다. 죽은 공부의 반대말만 잘 찾아도 슬로건을 찾을 수 있을 것 같습니다.

— 찾았습니까.

● 찾았습니다. 진짜 공부입니다. 진짜 공부란 심장이 살아 움직이는 공부입니다. 당장 써먹을 수 있는 공부입니다. 해마다 교재가 바뀌는 공부입니다. 취업이 보장되는 공부입니다. 진짜 공부의 절친은 누군지 아시겠지요?

— 진짜 교재. 진짜 교수. 진짜 수업. 진짜 학과. 진짜 학점. 진짜 학생. 진짜 미래.

● 퍼펙트! 만점입니다. 여기에 진짜 총장까지 더하면 퍼펙트 플러스. 자, 대한민국에서 유일하게 진짜 공부를 하는 유원대학. 그래서 우리의 첫 번째 슬로건은,

진짜 대학

— 강하네요.
- 그렇습니다. 우리는 진짜 대학입니다. 오직 우리만이 진짜 대학입니다. 지금 우리에게 필요한 것은 진짜라는 자신감과 자부심입니다.
— 끄덕.
- 사람들은 궁금해서 묻겠지요. 왜 진짜 대학이지? 이때, 죽은 공부 안 한다는 이야기, 학과를 작은 셀로 나눈다는 이야기, 취업률이 어마어마하다는 이야기를 하면 됩니다. 우리가 진짜 대학이 되면 다른 모든 대학들은 졸지에?
— 가짜 대학.
- 한 번 더 퍼펙트! 이 슬로건은 다른 모든 대학은 가짜 대학이라는 은근한 고자질입니다. 서울에서 가까운 거리도, 허울 좋은 명성도 다 가짜라는 뜻입니다.
— 이 슬로건을 자신 있게 내걸려면 우리 자신부터 철저하게 바뀌어야겠군요. 할 일이 많아지겠어요.
- 당연합니다. 슬로건을 실체가 받쳐주지 못하면 모래 위에 쌓은 성이나 다름없지요. 그런데 이게 불가능한 일이 아닙니다. 유원대학은 학과를 셀로 나누는 등 이미 두어 걸음 앞서가고 있으니까요. 다만 총장님이 신경 써야 할 게 훨씬 더 많아질 테니 이마 주름살은 조금 더 깊어질 것입니다.

— 감수합니다.

- 자, 이제 두 번째 슬로건, 이름을 알리는 안입니다. 우리는 지금 대학 이름이 바뀌는 역사적인 사건 앞에 섰습니다. 그래서 우리 대학 콘셉트와 새 이름을 함께 알릴 수 있는 안도 생각했습니다. 핵심 키워드는 1.

— 1?

- 그렇습니다. U1대학이라는 이름을 알리려면 이름 속 1이라는 숫자를 놓치지 않아야 합니다. 1이 만들어 내는 단어를 나열해봅시다. 일등. 일급. 일품. 일류. 이 중에서 일등과 일류에 주목합시다.

— 주목합니다.

- 우리는 일등이 아닙니다. 학교 규모도 일등 아닙니다. 학교 명성도 일등 아닙니다. 서울과의 거리도 일등 아닙니다. 일등 고등학생 오지 않습니다. 그렇다고 실망할 이유는 없습니다.

— 왜죠?

- 저는 일등과 일류를 한 문장으로 이렇게 정의합니다. 남을 이기면 일등이 되고 나를 이기면 일류가 된다. 어떻습니까. 그럴듯하지 않습니까.

— 멋진데요.

- 일등 < 일류. 바로 이 부등식이 우리가 해야 할 이야기입니다. 서울대학은 일등이지만 유원대학은 일류입

니다. 고등학교 성적은 일등이 아니지만 졸업할 때는 일류입니다. 즉, 남을 이기는 일등보다 나를 이기는 일류를 양성하는 멋진 교육철학을 담은 부등식입니다. 이 공식으로 찾은 슬로건을 말씀드리겠습니다.

일등은 짧고 일류는 길다

— 아, 히포크라테스!
● 슬로건의 의미를 부연설명하면 이렇습니다. 학생과 학부모는 일등 대학에 목숨을 걸지만 이는 현명한 생각이 아니다. 물론 당장 4년은 폼 나겠지. 하지만 그것으로 끝이다. 일등은 상대적인 위치다. 학교 졸업하면 죽은 공부로 얻은 일등은 의미가 없다. 금세 허물어진다. 일류는 절대적인 위치다. 졸업 후에도 무너지는 일이 없다. 평생 웃고 싶다면 일등 아닌 일류로 오라. 이런 뜻입니다. 그래서 너는 짧고 나는 길다고 자신 있게 말하는 것입니다. 슬로건의 장점은 세 가지입니다. 하나씩 운을 띄워주시겠습니까.

— 첫째.
● 우리 교육철학을 잘 담고 있습니다. 죽은 공부 안 한다는 것. 일등보다 일류를 지향한다는 것.

— 둘째.

- 새 이름을 알리는 데 효과적입니다. U1대학의 1을 키워드로 사용했다는 것. 슬로건이 학교 이름으로 쉽게 연결된다는 것.

— 셋째.

- 인생은 짧고 예술은 길다, 의 패러디. 힘도 있고 쉽게 따라 할 수 있고 쉽게 기억할 수 있는 리듬.

— 좋습니다. 박수 세 번 칩니다.

- 자, 이제 마지막, 도발적인 안입니다. 도발적인 안은 다음 세 가지 전제를 충족해야 합니다.

— 다시 운을 띄울까요?

- 그래주시면 신날 것 같은데요.

— 첫째.

- 유니크할 것. 우리는 서울대학교도 고려대학교도 아닙니다. 그들처럼 말하면 누구도 들어주지 않습니다. 다르게 이야기해야 그나마 귀를 열어줍니다.

— 둘째.

- 고정관념을 부술 것. 교육기관 캠페인은 이래야 해. 이런 근엄한 태도를 깨부수지 않으면 고만고만한 슬로건을 또 손에 쥐게 됩니다. 지금 우리는 학교 운명을 걸고 모험을 해야 합니다.

— 셋째.

- 자신감이 넘칠 것. 학교 명성에 주눅들 것 없습니다.

서울과의 거리에 움츠러들 것 없습니다. 우리는 죽은 공부를 가르치지 않는 유일한 대학입니다.
— 공감합니다. 동의합니다.
● 이 세 가지 전제를 머릿속에 집어넣은 후 만화 하나를 떠올리십시오. 총장님 젊었을 때 본 만화. 이현세의 야구 만화.
— 공포의 외인구단!
● 맞습니다. 녹슬지 않으셨네요. 팀 전체가 무명 선수였지만 누구에게도 지지 않겠다는 무모한 자신감. 이 외인구단이 슬로건으로 내걸 만한 카피를 찾았습니다. 있었습니다. 마지막 슬로건으로 제안합니다.

건방진 대학

— 헉!
● 이런 건방진 슬로건을 써도 되나? 지레 겁먹지 마십시오. 우리가 건방져도 되는 이유를 조금 길게 말씀드리겠습니다. 먼저 도발적이라 학생과 학부모 사이에서 화제가 될 것입니다. 접근방법이 남달라 재미있고 신선합니다. 정말 건방지면 스스로 건방지다고 말하지 않습니다. 자신감입니다. 고정관념을 파괴하는 역동이 느껴집니다. 또 새 이름 알리는 데도 도움을 줍니다.

● 건방진 대학? 거 재미있네. 어느 대학이지? 이런 궁금증이 대학 이름을 눈여겨보게 합니다. 어떻습니까. 우리 충분히 건방져도 되지 않습니까. 이렇게 가야 우리 목소리가 들릴 것 같지 않습니까.

— 그렇긴 하네요.

● 그럼에도 불구하고 건방진 대학이라는 건방진 표현이 걱정일 것입니다. 다시 말씀드리지만 우리는 서울대학교 아닙니다. 평범한 접근으로는 눈에 띄기 어렵습니다. 움츠러들지 맙시다. 과감해집시다. 우리가 우리 자신을 믿지 못하고 움츠러든다면 누가 우리를 믿고 충청도까지 내려오겠습니까.

— 맞는 얘깁니다. 맞기는 한데.

● 어떤 걱정인지 잘 압니다. 사실 얄밉도록 건방진 슬로건이지요. 하지만 이런 카피로 캠페인을 풀어간다면 건방진 느낌이 수그러들며 세상은 고개를 끄덕일 것입니다.

— 어떤 카피죠?

● **고등학교 성적 따위는 짝짝 찢어버리는 건방진 대학**
대학 명성 따위는 하하 웃어넘기는 건방진 대학
서울 학생에게 충청도로 내려오라 명령하는 건방진 대학

어떻습니까. 건방진 느낌이 조금 수그러들었나요. 오히려 재미있다는 느낌으로 다가오지 않나요. 만약 건방진 대학이라는 접근이나 콘셉트는 좋은데 '건방진'이라는 단어가 자꾸 거슬린다면 이를 조금 완화한 표현도 가능합니다.

— 그런 표현이 있을까요?

● **겁 없는 대학**

— 아….
● 아, 라는 감탄사 뒤에 붙은 점들의 의미를 알 것 같네요. 카피 임팩트가 약해진다는 걸 눈치채신 거지요. 같은 생각입니다. 겁 없는 대학이라는 어정쩡한 슬로건, 취소합니다.
— 그러시지요.
● 자, 지금까지 세 가지 슬로건을 제안했습니다. 이제 우리 슬로건과 함께 사용할 카피 한두 가지를 말씀드리겠습니다. 이 카피들은 매체에 따라 또 용도에 따라 적절하게 골라 쓰실 수 있습니다.
— 보너스 같은 건가요?
● 빙고!

4년 후 두고 봅시다

서울에서 조금 멀지만 취업과 가장 가까운 대학

자, 이제 대학 콘셉트도 찾았고 슬로건도 찾았고 함께 사용할 카피도 찾았습니다. 이는 5년이고 10년이고 길게 끌고 갈 콘셉트이고 카피입니다. 한두 해 사용해보고 또 다른 콘셉트, 또 다른 슬로건으로 도망가지 말라는 말씀입니다.

— 끝인가요?

● 한마디만 더. 실력 있는 아트디렉터를 만나십시오. 비주얼은 카피를 살릴 수도 죽일 수도 있습니다. 그래서 비주얼에 관한 몇 가지 전제를 생각했습니다.

— 끝이 아니었군요.

● 대학생으로 보이는 모델이 활짝 웃고 있거나, 두꺼운 책을 들고 있거나, 학사모를 쓰고 있는 뻔한 비주얼은 피할 것. 비주얼로 구구절절 다 설명하려 들지 말 것. 표정으로 말할 것. 느낌으로 말할 것. 조금 건방진 느낌이 들더라도 자신감이 눈에 보일 것. 나도 저렇게 되고 싶다는 마음을 얻을 것. 세련된 감각을 지킬 것.

— 이제 끝인가요.

● 끝입니다. 부디 흔들림 없이 앞만 보고 뚜벅뚜벅 걸어가십시오. 여기까지가 준비한 전부입니다.

— 잘 들었습니다. 마지막으로 묻고 싶은 게 있습니다. 세 가지 슬로건 모두 내 새끼이니 다 소중하겠지만 딱 하나만 꼽는다면 어떤 슬로건입니까.
● 건방진 대학입니다.
— 끄덕끄덕.
● 건방진 내용이 많아 죄송합니다만 유원대학이 일등을 넘어 일류가 되는 날까지 하루하루 더 건방지게 치고 나아갔으면 좋겠습니다. 고맙습니다.
— 고맙습니다.

#2 물론 이렇게 대화로 제안한 건 아닙니다. PPT 만들어 정식으로 제안했습니다. 총장님은 제안이 마음에 들었는지 대강당에 교수들 죄다 불러 놓고 강연 형식의 프레젠테이션을 요구했습니다. 건방진 표정과 건방진 태도로 건방진 이야기를 한 번 더 했습니다. 그것으로 끝이었습니다. 그리고 잊었습니다. 이미 카피는 내 품을 떠났고 선택은 유원대학 몫이었으니까요.

지금 이 책을 쓰며 3-4년 만에 유원대학 홈페이지에 접속해 봤습니다. 학교 이름 아래에 붙은 카피 한 줄을 봤습니다. 다섯 글자였습니다. 건방진 대학.

밑줄 긋기

- 카피는 카피라이터 1과 소비자 1이 마주앉아 주고받는 대화
- 실체가 받쳐주지 못하는 카피는 모래 위에 쌓은 성
- 브랜드로 쉽게 연결되는 슬로건이 좋은 슬로건
- 슬로건을 쉽게 바꾸지 말 것
- 비주얼로 구구절절 다 설명하려 들지 말 것

5. 누구나 카피라이터
─ 쓰는 기술보다 중요한 것

수학과는 글을 잘 써야 합니다. 물리학과는 글을 잘 써야 합니다. 심리학과는 글을 잘 써야 합니다. 체육학과는 글을 잘 써야 합니다. 회화과는 글을 잘 써야 합니다. 약학과는 글을 잘 써야 합니다. 글을 잘 쓰지 않아도 좋은 사람은 없습니다.

나는 단국대학교에서 강의를 합니다. 커뮤니케이션 전공에게 카피라이팅 강의를 합니다. 학교가 물었습니다. 캠퍼스 전체에 오픈되는 교양 강의 하나 더 할 수 있느냐. 있다. 그럼 과목 이름을 정해 달라. 내 마음대로 정해도 되느냐. 된다.

경제원론. 한국경제사. 커뮤니케이션학개론. 그 옛날 내가 들었던 과목입니다. 참 재미없는 이름들입니다. 따라가기 싫었습니다. 어깨에서 힘을 빼고 이름을 지었습니다. 지금 당신이 손에 쥔 책 제목과 같습니다.

누구나 카피라이터

수학과는 글을 잘 써야 합니다.
물리학과는 글을 잘 써야 합니다.
글을 잘 쓰지 않아도 좋은 사람은 없습니다.

경제학과 나와서 웬 카피라이터? 지난 30년 가장 자주 받은 질문입니다. 그랬습니다. 나는 경제학과 학생이었습니다. 글에 관심과 욕심이 있어도 그것을 배울 기회가 없었습니다. 술자리에서, 술 취한 글쟁이들 입에서 나오는 문장을 받아먹으며 허기를 때우긴 했지만 그것만으로는 양이 차지 않았습니다. 그때의 나와 같은 배고픈 학생이 지금 사회학과에도 화학공학과에도 있을 것입니다. 그들을 위한 작은 기회가 〈누구나 카피라이터〉입니다.

강의는 생각을 글이 아니라 말로 꺼내 보이는 행위입니다. 글쟁이에겐 쉽지 않은 일입니다. 입에게만 맡겨둬서는 안 될 것 같았습니다. 도움을 받기로 했습니다. 먼저 나에게 도움을 청했습니다. 그동안 내가 쓴 글, 내가 만든 영상, 내가 겪은 경험들을 죄다 불러 모았습니다. 이들은 내 강의 때마다 출격합니다.

이들만으로 한 학기를 채운다면 재미없겠지요. 남의 도움도 받습니다. 누군가의 글, 누군가의 노래, 누군가의 영화도 짬짬이 출격합니다. 강의 듣는 학생들의 도움도 받습니다. 실습이라는 핑계로, 시험이라는 압박으로 나는 이들의 생각을 훔칩니다. 훔친 그것들 역시 훌륭한 내 강의 교재가 됩니다.

이 꼭지는 생각이 말이 되는 과정, 즉 내가 어떤 무기를 사용해 생각을 말로 만드는지를 중계합니다. 물론 이 좁은 지면에 학 한기를 다 집어넣을 수는 없겠지요. 내 강의 아주 일부를 맛보는 수준일 것입니다. 예고편 같은 거라고 해두지요. 혹시 예고편으로 양이 안 찬다면 본 영화에 도전하십시오. 방법은 수능 치고 단국대학교에 입학하는 것입니다.

#1   강의의 목적지

예전엔 한 사람을 판단할 때 그 사람의 외모나 말투나 명함을 봤습니다. 그것들로 그 사람의 점수를 매겼습니다. 그러나 이젠 그 사람의 글이 곧 그 사람인 시대가 되어버렸습니다. 오프라인보다 온라인 만남이 잦아지며 누구도 글에서 도망칠 수 없게 되어버렸습니다. 글 한 줄이 호감을 비호감으로 순식간 바꿔버리기도 합니다.

우리 모두는 매일 어디엔가 글을 씁니다. 문자를 보내고, 카톡을 하고, SNS에 글과 사진으로 내 하루를 올립니다. 메일도 글, 리포트도 글, 자기소개서도 글, 기획서도 글입니다. 무인도에 홀로 살지 않는다면 누구나 글을 써야 합니다. 어차피 써야 한다면 잘 써야겠지요.

잘 쓰려면 무엇을 써야 할까, 어떻게 써야 할까, 이런 이야기를 하는 게 내 강의입니다. 하지만 '무엇을'과 '어떻게'가 내 강의의 목적지는 아닙니다. 이것들은 목적지로 난 두 갈래

길입니다. 나는 첫 시간에 강의의 목적지를 밝힙니다. 한 학기가 끝난 후 이 강의가 도착하고 싶은 곳은,

나도 글을 쓰고 싶다.

나는 쓰는 기술보다 쓰고 싶은 마음이 먼저라고 생각합니다. 쓰고 싶어야 쓰게 되니까요. 쓰다보면 잘 쓰게 되니까요. 그동안 몇이나 목적지에 도착했을까요. 모르겠습니다. 글 쓰는 즐거움을 잘 전해줬는지도 모르겠습니다. 물론 가끔은 듣습니다. 교수님, 저 도착했어요! 이런 대답 하나가 나를 다음 학기로 데려갑니다.

#2   사람

내 강의 중심에 놓인 단어입니다. 나는 사람 이야기로 강의를 열고 사람 이야기로 강의를 닫습니다. 왜냐고요? 세상에서 가장 재미있는 이야기, 가장 힘 있는 이야기, 가장 울림이 큰 이야기는 늘 사람 이야기니까요. 어떻게든 사람에서 이야기를 찾으라고 합니다. 사람의 성분을 치열하게 들여다보라고 합니다. 사랑, 긍정, 용기, 희망, 위로, 감사, 믿음, 겸손, 배려 같은 것들이 사람의 성분입니다.

그동안 꽤 많은 글을 썼습니다. 대부분 짧은 에세이입니다. 아마 수천 편은 발표했을 것입니다. 그중 딱 하나만 꼽으라면 주저 없이 내미는 글. 어쩌면 세상에서 가장 짧은 글. 나 혼자 내 대표작이라고 주장하는 글. 내 강의 듣는 학생들에게 가장 먼저 내놓는 글. 제목은 인생.

인생
친구가 있으세요? 그럼 됐습니다.

괜찮지 않나요? 나는 이 글을 쓰고 나한테 반했거든요. 혼자 고개 끄덕거리며 어떻게 이런 글을 쓸 생각을 했을까, 정말 나는 천재일까, 막 그랬거든요. 그저 그렇다고요? 그냥 그렇다고요? 뭐 세상 사람 모두가 천재를 알아보는 건 아니지요. 어쨌든.

이 글에 등장하는 친구가 누구일까요. 바로 사람입니다. 지금 내 곁에 사람 하나 있다면 충분히 가치 있는 인생을 살고 있는 거라고 토닥여주는 글입니다. 자, 이제 친구를 돈이나 출세 같은 말로 바꿔 글을 다시 읽어볼까요.

인생
돈 좀 버셨어요? 그럼 됐습니다.

웃프다는 느낌이 들지요. 그런데 당신도 나도 이곳을 향해 길게 줄을 서고 있는 건 아닌지. 사람이라는 정말 소중한 가치가 있다는 걸 알긴 아는데, 사는 게 워낙 팍팍해 하루하루 까먹고 살아가는 건 아닌지. 이 기회에 나 자신에게 조용히 물어보면 어떨까요.

남의 도움도 받는다고 했습니다. 몇 년 전 지하철 구의역에서 아픈 일이 있었지요. 사람들은 한 청년의 짧은 삶을 포스트잇으로 추모했습니다. 그를 앗아간 차벽엔 노랑 빨강 파랑 포스트잇이 빼곡히 붙었습니다. 누가 썼는지 모르는 포스트잇 하나를 그대로 강의에 들고 옵니다.

열아홉 살.

비정규직 노동자.

누군가의 친구.

누군가의 아들.

만약 이 글을 읽고 울컥했다면, 그 일의 대부분은 셋째 줄과 넷째 줄이 했을 것입니다. 앞 두 줄은 객관적 사실을 나열한 것이고, 다음 두 줄은 사람 이야기니까요. 내 친구 영숙이었다면 나는. 내 아들 영철이었다면 나는. 이렇게 청년을 내 가까운 사람으로 치환해 생각하게 만드니까요. 이런 게 사람 이야기의 힘일 것입니다. 삶을 사는 것도 글을 쓰는 것도 사람이 먼저입니다.

#3 구체성

머리에 그림이 그려진다는 것. 어디서 들어본 말 아닙니까. 그렇습니다. 《카피책》이 가장 강조한 말입니다. 카피작법 제1조 1항. 글자로 그림을 그리십시오. 글을 구체적으로 쓰라는 얘기. 구체적인 글은 머리에 쉽게 그림이 그려진다는 얘기. 나는 강의실에서 노래 한 곡의 도움을 받아 그 얘기를 합니다. 정태춘. 〈92년 장마 종로에서〉.

모두 우산을 쓰고 횡단보도를 지나는 사람들. 탑골공원 담장 기와도 흠씬 젖고. 고가 차도에 매달린 신호등 위에 비둘기 한 마리. 건너 빌딩의 웬디스 햄버거 간판을 읽고 있지. 비는 내리고. 장맛비 구름이 서울 하늘 위에. 높은 빌딩 유리창에. 신호등에 멈춰 서는 시민들 우산 위에. 맑은 날 손수건을 팔던 노점상 좌판 위에. 그렇게 서울은 장마권에 들고….

6분짜리 긴 곡이라 앞부분만 가져왔습니다. 나중에 전곡을 들어보십시오. 그냥 듣지 마시고 눈을 감고 들어주십시오. 가사가 던져주는 그림을 한 장 한 장 머리에 그리며 들어주십시오. 비 내리는 어느 오후 종로 한복판에 우산 없이 내가 서 있는 느낌이 든다면, 몸도 마음도 축축이 젖어드는 느낌이 든다면, 그건 순전히 노랫말의 구체성 때문일 것입니다.

나는 내 글 스승 서넛을 꼽으라면 정태춘에게 한 자리를 드립니다. 내게 그는 가수가 아니라 작가입니다. 어린 나는 그가 만든 노래를 듣고 또 들으며 배웠습니다. 글의 리듬은 이렇게 살리는 거구나. 감히 이런 단어를 노래에 쓸 수도 있구나. 세상에 써서는 안 되는 말은 없는 거구나. 노래가 아니라 글을 배웠습니다.

작가 이야기가 나왔으니 한 사람 더 초대합니다. 무라카미 하루키. 우리나라 독자들이 참 좋아하는 일본 작가입니다.

나는 그의 소설에서 문장 셋을 들고 나와 강의실에 주르륵 펼칩니다.

4밀리미터 정도 고개를 끄덕였다.
양동이 세 개에 가득 담길 만큼 거짓말을 늘어놓았다.
머리는 길지만 천박한 여자애를 이백오십 명은 알아.

우리가 하루키 문장에서 어떤 신선한 느낌을 받았다면 그건 4밀리미터, 양동이 세 개, 이백오십 명 같은 구체성이 던져준 것 아니었을까요. 우리가 그에게서 받은 것도 신선한 느낌이 아니라 신선한 그림 아니었을까요.

후배도 도움을 줍니다. 남양주 사는 후배가 술 한잔 산다며 놀러오라고 했습니다. 갔습니다. 우리는 한 고깃집으로 들어가려 했습니다. 그런데 건너편 김치찌개집이 눈을 붙잡는 겁니다. 돌아서서 휴대폰을 꺼냈습니다. 찰칵. 그날 이후 내 강의엔 늘 그 집 간판이 등장합니다.

8할이 고기!

세상에, 그 작은 도시 그 허름한 식당 간판에 이런 놀라운 카피가 숨어 있었다니. 물 반 고기 반도 아니고 8할이 고기라니. 머리에 그림이 그냥 그려집니다. 숟가락 비집고 들어갈 틈도 없이 고기로 꽉 찬 냄비. 당장 들어가 시켜보고 싶습니다. 분명 이 집 주인은 카피라이터였을 것입니다. 성질 더러운 팀장 만나 사표 던지고 이 가게 차렸을 것입니다.

남의 카피도 강의에 도움을 줍니다. 한 인터넷 쇼핑몰에서 놋그릇을 봤습니다. 놋그릇으로 정갈하게 차린 밥상 위에 붙은 카피도 봤습니다. 이렇게 적혀 있었습니다.

전통의 혼, 조상의 소중한 문화유산

정통 유기그릇 신분이니 이런 격조 있는 카피를 써야 할 것 같습니다. 이 제품 보여주며 카피 한 줄 써내라고 하면 많은 분들이 비슷한 카피를 내놓을 것입니다. 그런데 정말 괜찮습니까. 전통, 혼, 조상, 문화, 유산. 좋다는 단어는 모두 쑤셔 넣은 카피. 이런 개념어들이 그림을 그려줄 리 없습니다.

광고주가 이런 단어를 던져주면 카피라이터는 어떤 짓을 해야 할까요. 받은 단어 이렇게 저렇게 조합해 그럴싸한 문장 만드는 일을 해야 할까요. 아니지요. 단어들을 모조리 입에 넣고 꼭꼭 씹어 삼켜야지요. 삼킨 후엔 그것들이 내 안에서 숙성되고 발효되기를 기다려야지요. 기다린 후에 다시 입을 통해 문장 하나를 꺼내야지요. 예를 들면 이런 문장.

오늘은 황희 정승과 겸상입니다

황희 정승과 내가 마주앉아 밥 먹는 모습이 쉽게 그려집니다. 전통, 혼, 조상, 문화, 유산 같은 단어 하나 안 들어갔지만 그것들의 향기가 충분히 전달됩니다. 이렇게 써야 카피입니다.

#4   시험

실습과 시험. 학생들의 생각을 훔치는 방법입니다. 나는 문제를 냅니다. 생각은 학생들이 합니다. 생각을 글로 옮기는 일도 학생들이 합니다. 물론 학생들의 글을 하나하나 짚으며 뭐라도 칭찬할 거리 찾아내는 빨간펜 선생 노릇은 내가 합니다. 나는 칭찬보다 더 좋은 피드백은 없다고 믿습니다.

그런데 카피라이터는 어떤 문제를 낼까요. 학생들은 어떤 대답을 할까요. 궁금하실 것 같아 몇 개 소개합니다.

낙서금지를 다르게 표현한다면?
- 마동석이 사는 곳입니다
- 여기서는 '좋아요' 못 받아요
- 비와 바람으로만 낙서해주세요
- 2020년 10월 19일, 홍수민 왔다가 못 감

- 흔적을 남기지 않아도 당신을 기억하겠습니다

주차금지를 다르게 표현한다면?

- 경찰전용 주차구역
- 차도 차지만 너도 너다
- 주차공식 = 더하지 말고 빼주세요
- 잠깐이면 견인차가 오고가기에 충분한 시간이지요
- 여기 주차한 차 혹시 못 보셨나요?
- 100살 미만 주차금지

출입금지를 다르게 표현한다면?

- 반대쪽 손잡이 고장, 나오실 수 없어요
- 이것은 문이 아니라 벽입니다
- 경로를 재탐색해주세요
- 차렷! 뒤로 돌아! 그대로 직진합니다
- 큰 개가 있습니다. 뭅니다
- 관계자도 출입금지
- 들어가 봤는데 별거 없습니다

커피에 관한 모든 걸 알려주는 책 제목은?

- 커피책
- 커피 전문가까지 233페이지 남았습니다

- 인생은 B(birth)와 D(death)사이의 C(coffee)
- 커피라이팅
- 호모커피엔스에게
- 당신을 로스팅하겠습니다

이런 실습도 있었습니다. 배와 사과 둘을 나란히 보여줍니다. 둘을 함께 관찰하라 합니다. 영감과 과학 다 불러내 관찰하라 합니다. 관찰한 후에 글을 쓰라 합니다. 생각나는 아무 글이나 쓰라 합니다. 색깔의 차이를 씁니다. 식감의 차이를 씁니다. 결실의 차이를 씁니다. 그런데 한 학생이 조금 다른 생각을 내놓습니다. 내 기억에 오래 남아 있는 글입니다.

그날 그 배. 사과 외엔 아무것도 할 수 없었던 배. 사과도 제대로 하지 못한 배. 그래서 더 미안한 배. 어른들이 지켜주지 못한 배.

#5　　　　2020년은 두 학기 모두 비대면 수업을 해야 했습니다. 나는 이러닝캠퍼스 이런 어려운 건 모릅니다. 그냥 내 집 식탁에서 내 딸 아이폰으로 강의를 찍었습니다. 가내수공업 같은 것입니다. 매주 그 허접한 영상을 학생들에게 보여줬습니다. 카피 실습은 이메일로 주고받았습니다.

시작할 땐 몇 주 지나면 대면수업 하겠거니 했는데 그대로 종강. 학생들 얼굴 한 번 못 보고 끝났습니다. 아쉬웠습니다. 학생들도 아쉬웠나봅니다. 마지막 강의를 마친 날, 내 이메일은 학생들의 이별 인사로 북적거렸습니다. 그중 하나를 소개하며 이 꼭지를, 아니 이 강의를 마칩니다. 물론 자랑질입니다.

비대면 수업임에도 불구하고 너무너무 풍성한 수업이었습니다. 특히 매시간마다 내주시는 과제, 그리고 이틀 안에 해결해야 하는 압박이 저를 더 성장시킨 것 같습니다. 과제 피드백에서 교수님이 제 카피를 무려 여섯 번이나 소개해주셨다는 사실 아세요? 혼자 내적 댄스를 얼마나 췄는지 모릅니다. 잘 가르쳐주신 덕분에 꿈이 카피라이터로 바뀔 뻔했습니다. 하지만 카피는 꼭 광고에만 쓰이는 것이 아니기에 제가 하는 모든 일에 유용하게 활용하도록 하겠습니다. 이 수업 덕분에 책을 읽게 되었다는 사실도 고백합니다. 교수님이 쓰신 《카피책》도 참 재밌게 읽었습니다. 음성 지원이 되는 책인 것 같았습니다. 읽는 내내 교수님과 대화하는 느낌이 들었습니다.
교수님, 이 메일함에 다 담을 수 없을 만큼 감사합니다.

옮기고 나니 쑥스럽기는 합니다. 하지만 이 맛에 강의합니다.

밑줄 긋기

- 이젠 그 사람의 글이 곧 그 사람인 시대
- 쓰는 기술보다 쓰고 싶은 마음이 먼저
- 사람의 성분은 사랑, 긍정, 위로, 감사, 믿음, 겸손, 배려
- 단어 삼키기, 숙성 기다리기, 입에서 새로운 문장 꺼내기
- 칭찬보다 더 좋은 피드백은 없다

기억의 공책

내 기억에 적힌 문장들입니다.
상품을 파는 카피는 아닙니다.
내가 사는 모습이나 살면서 느낀 단상이니,
나를 파는 카피라 할 수 있을 것입니다.

왜 기억의 공책까지 펼쳤느냐고요?
군데군데 짧은 글을 놓아두면
책의 리듬이 좋아질 것 같아서.
긴 글이 지루해질 때쯤 짧은 글을 호흡하면
당신 기분이 가벼워질 것 같아서.

맞습니다. 쉼표입니다.

너는 왜 글을 쓰니?

돈 벌려고.
돈 벌어서 뭐하려고?
돈 벌지 않아도 되는 글 쓰려고.

생각해봤습니다. 왜 글을 쓰는지. 왜 해 뜨기도 전에 작업실 문을 열고 들어가 연필을 쥐는지. 이런 답을 얻었습니다. 아니, 얻은 게 아니라 이게 답이라고 내가 나에게 우겼는지도 모릅니다. 어쨌든 그날 이후 다른 답을 찾으려 애쓰지 않습니다. 그러니까 아마 거의 분명 정답일 것입니다. 2015년쯤 내 기억에 기록해둔 글입니다.

강연

제법 큰 강연 무대에 섰다. 이틀에 걸친 이 행사엔 강사가 수십 명, 외국에서 날아온 강사도 여럿 있었다. 같은 시간 다른 방에서 강연 셋이 한꺼번에 오픈되는 형식. 내 객석이 썰렁하면 자존심 다칠 수도 있는 상황. 조마조마 무대에 올랐다. 꽉 찼다. 눈이 신나니 입도 신나게 일을 했다. 강연 직후 여자사람 하나가 책을 내밀며 사인을 요구했다. 사인하는 내 손끝을 보며 그녀가 한마디 한다. 오늘 강연 좋았어요. 이런 반응 예상했다는 듯 나는 여유로운 웃음을 건넸다. 거기까지는 좋았는데, 한마디로 충분했는데, 그녀는 굳이 한마디 보탠다. 책보다 훨씬 좋았어요.

나, 상처받았다.

글쓰기 강연을 합니다. 나는 이렇게 썼는데 너는 어떻게 쓸래? 묻는 강연입니다. 강연 중심에 나를 놓는 것. 나는 이보다 중요한 건 없다고 믿습니다. 강연을 듣는 사람 역시 나를 중심에 놓아야 한다고 생각합니다. 명품 강연 찾아다니기 전에, 그들 한마디에 울컥 감동하기 전에, 그들이 제시한 곳으로 내 인생을 데려가기 전에, 내 안에서 밖으로 나오고 싶어 하는 내 목소리부터 들을 것. 세상을 만나기 전에 나부터 만날 것.

엄마를 업었다

엄마가 너무 가벼워 울컥했다는 얘기가 떠올랐다.
나도 울컥하면 어떡하지, 은근히 걱정했다.

무거웠다.

나는 휠체어에게 엄마를 양보해야 했다.
인간이 만든 최고의 발명품은 휠체어일 것이다.

최악의 발명품은 계단.

✎

2019년 한 해 내내 엄마가 아팠습니다. 고관절을 다쳐 한 걸음도 걸을 수 없을 만큼. 병원으로 엄마를 모시려고 등에 업었다가 금세 포기한 날 쓴 굴욕의 글입니다. 참 행복한 굴욕이었습니다. 엄마는 다시 걷습니다. 다행입니다. 다행입니다.

슬픈 예감

오늘밤 축구를 보려면 잠들지 않아야 한다. 잠들지 않으려면 술을 먹지 않아야 한다. 술을 먹지 않으려면 사람을 만나지 않아야 한다. 사람을 만나지 않으려면 일찍 집에 가야 한다. 그래, 오늘은 애국심을 핑계로 서둘러 집을 향한다. 한 가지 작은 걱정은 있다. 그건 집에도 아내라는 사람이 있다는 것. 그녀는 축구보다 술에 더 관심이 있다는 것. 슬픈 예감은 틀린 적이 없다.

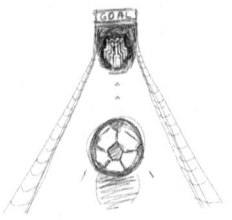

내가 좋아하는 글은 아마 이런 글일 것입니다. 앞 문장의 리듬을 다음 문장이 받아먹는 글. 마지막 살짝 반전으로 재미를 주는 글. 2019년 세계청소년축구대회 결승. 못 봤습니다.

TAKE 2

생각이
글이 되는 과정
생중계

6. 영어 못하는 정철
— 언어적 관성에 대처하는 법

순천 하면 무엇이 떠오르십니까. 순천 가서 얼굴 자랑하지 마라. 이 한마디가 먼저 떠올랐다면 당신은 나처럼 연식이 조금 된 사람입니다. 아직 쓸 만한 나이를 가진 당신이라면 습지나 정원 같은 단어를 떠올렸을 것입니다. 그렇습니다. 순천은 2013년 국제정원박람회를 개최한 도시입니다. 박람회 이후에도 순천만을 찾는 사람이 줄지 않고 있습니다. 순천은 이제 얼굴 자랑 대신 정원 자랑을 해도 됩니다.

이런 순천이 두 번째 정원박람회를 준비한다고 했습니다. 슬로건을 찾는다고 했습니다. 이미 시민 공모를 했고 무려 1천 건이 넘는 슬로건이 쌓였다고 했습니다.

1천 건이 넘는 슬로건이 쌓였는데
왜 이 작업이 내게 왔을까.

내가 나에게 한 질문입니다. 정원에 대한 지식, 이해, 통찰이 깊지 않은 내게 왜 이 일이 찾아왔을까요. 보다 명확한 콘셉트, 보다 명쾌한 언어를 건지려 했다면 정원을 오래 경험한 사람의 머리를 빌렸겠지요. 이 일이 내게 온 건, 메시지 전문가는 같은 이야기를 어떻게 다르게 표현하는지 보고 싶어서일 거야, 틀에 박히지 않은 신선한 생각을 듣고 싶어서일 거야, 라고 나 혼자 해석했습니다. 맞는지 모르지만 맞는다 치고 그런 관점에서 일을 시작했습니다.

먼저 공모에 도착한 슬로건들을 살폈습니다. 늘 봐왔던 익숙한 형태의 슬로건이 대부분이었습니다. 관성입니다. 나는 그것들을 옆으로 치우고 관성과의 싸움을 시작했습니다.

#1   지구의 정원

2013년 슬로건입니다. 그땐 그렇게 가야 했지요. 세계에 자랑할 만한 정원을 순천이 고이 간직하고 있음을 알려야 했으니까요. 지구라는 큰 단어를 동원해 박람회 규모를 과시해야 했으니까요. 그러나 지금은 다릅니다. 사람들은 순천을 압니다. 그곳에 눈부신 정원과 습지가 있음을 압니다. 또다시 규모를 앞세울 필요는 없다고 생각했습니다.

이제 시민입니다. 시민에게 가까이 다가가야 합니다. 세계, 지구, 박람회 이야기가 아니라 시민 한 사람 한 사람의 삶을 간섭하는 이야기를 해야 합니다. 그래야 들립니다. 그래야 내 이야기로 들립니다. 그런 슬로건을 찾기 위해 먼저 질문을 던졌습니다.

요즘 어떻게 사세요?

누군가를 만났을 때 우리가 흔히 하는 질문입니다. 대답은 다 다르지요. 뭐 그럭저럭. 죽지 못해 삽니다. 나아지겠죠. 신림4동으로 이사했어요. 정말 행복해 죽겠다는 대답을 듣기는 어렵습니다. 다들 사는 게 쉽지 않으니까요.

앞이 보이지 않는 경제. 불안한 노후. 시끄러운 뉴스. 회색 도시. 마스크를 강요하는 공기와 질병. 이런 답답함이 우리 가슴을 짓누르며 여유라는 말을, 희망이라는 말을 앗아가고 있습니다. 누군가는 여유를, 희망을 보여줘야 합니다. 과연 누가 할 수 있을까요.

정원.

그래, 정원이라면 지친 눈을 보듬어줄 수 있어. 처진 어깨를 토닥여줄 수 있어. 여유와 희망을 건네줄 수 있어.

어깨에서 힘을 뺐습니다. 큰 이야기를 하려 하지 않고 한 사람을 봤습니다. 답답한 현재와 불안한 미래에 짓눌린 그 한 사람에게 위로가 되고 위안이 되는 이야기. 그런 이야기를 슬로건으로 세우면, 허공에 둥둥 떠다니는 말이 아니라 손에 잡히는 말이 될 것입니다. 이런 슬로건을 먼저 제안했습니다.

정원에 삽니다

앞서 물었던, 어떻게 사세요? 라는 질문에 대한 대답입니다. 이 질문에 응대할 수 있는 최고의 대답이 바로 이 한마디 아닐까요. 이 대답은 여유입니다. 희망입니다. 위로입니다. 위안입니다. 녹색입니다. 시원함입니다. 깨끗합니다. 안전함입니다. 그리고 미래입니다.

이 슬로건의 매력은 이번 박람회의 의미를 잘 설명해준다는 데 있습니다. 먼저 정원의 가치를 새롭게 규정합니다. 이제 정원은 찾아가 구경하는 곳이 아니라 우리가 생활하는 곳임을 말해준다는 것. 정원이 도시 구석구석으로 번질 수 있음을, 번지고 있음을 말해준다는 것. 또 미래를 보여준다는 것. 우리는 2030년 어느 날 이 슬로건과 똑같은 대답을 할 수도 있을 것입니다. 아니, 할 수 있어야 합니다.

이 카피는 주최 측 목소리가 아닙니다. 행사에 참여하는 시민 목소리입니다. 순천 시민 목소리입니다. 시민 참여가 이번 박람회의 성패를 가를 주요 기준임을 감안한다면 슬로건에서도 관이 주도하는 냄새를 빼는 게 좋을 것입니다.

숨 쉬는 자연, 꿈꾸는 도시

도시에 자연을, 지구에 미래를

도심을 정원으로, 정원을 일상으로

찬성하기 어려운 슬로건들입니다. 이승만, 박정희 시절 불조심 표어 같은 슬로건입니다. 시민 공모에 이런 슬로건이 유난히 많이 보입니다. 당연한 결과지요. 이제껏 정부나 공공에서 이런 슬로건을 수도 없이 써왔으니 어김없이 다시 등장하는 관성 같은 것입니다. 재미없습니다. 맛도 없습니다. 어디선가 본 것 같은 느낌. 이제 이런 귀에 걸리지 않는 슬로건에서 탈피할 때도 됐습니다.

마음이 합니다

실력은 쌓인다

주어와 술어 딱 두 마디로 된 슬로건들입니다. 세상에서 가장 힘 있는 슬로건은 이처럼 두 마디 카피입니다. '정원에 삽니다' 역시 두 마디입니다. 짧습니다. 쉽습니다. 편안합니다. 슬로건이 갖추어야 할 기본은 다 갖춘 슬로건이라 할 수 있습니다.

한 가지 난감한 일은 내게 영문 슬로건도 함께 주문했다는 것. 나는 카피라이터 정철이지 영어 잘하는 정철은 아닙니

늘 봐왔던 익숙한 형태의 슬로건. 관성입니다.
나는 관성과의 싸움을 시작했습니다.

다. 카톡 닉네임을 '영어 못하는 정철'로 쓰는 정철입니다. 나라 밖에 나가면 어쩔 수 없이 묵비권을 행사해야 하는 정철입니다. 어쨌든 주문이 왔으니 배달은 해야 합니다.

I live in the Garden

영문으로 표현하면 이런 느낌이라고 했습니다. 문법이 맞는지 모릅니다. Garden 앞에 the가 붙는 게 맞는지도 모릅니다. 이럴 때 live라는 단어를, in이라는 단어를 사용하면 무식한 놈이라는 말을 듣게 되는지도 나는 정말 모릅니다. 재정리를 부탁하며 일단 배달했습니다.

#2 　　　　1가구 1주택

많이 들어본 말입니다. 리듬이 좋아 모두가 기억하는 말입니다. 집을 열 채 스무 채 가진 사람 뉴스가 발에 차이는 요즘엔 이 말이 먼 나라 이야기처럼 들리기도 합니다. 물론 지금 부동산 정책을 야단치거나 해결 방법을 제시하려는 건 아닙니다. 이 리듬 그대로 우리 슬로건을 가져가고 싶어 불쑥 내민 말입니다.

자, 우리가 꿈꾸는 세상은 어떤 모습일까요. 지구가 더 이상 문명에 점령당하지 않고 자연을 잘 보존하여 미래 세대에게 넘기는 세상. 도시도 회색을 훌훌 벗고 녹색 옷으로 갈아입는 세상. 그 푸름 속에서 사람이 사람답게 사는 세상. 바로 이런 세상 아닐까요. 우리 박람회의 목적지도 바로 이런 곳 아닐까요. 이런 세상을 슬로건으로 만들어 보여주면 어떨까 생각했습니다.

사람 하나, 정원 하나

1가구 1주택을 패러디한 슬로건입니다. 모든 사람이 자신의 정원을 하나씩 갖는 세상을 뜻합니다. 지구 인구가 77억이라면 지구에 정원 77억 개가 살아 숨 쉬는 세상을 뜻합니다. 차 타고 멀리 나가야 만날 수 있는 곳이 아니라 내 마을이, 내 집이, 내 옥상이 정원인 세상을 뜻합니다. 바로 우리 박람회가 바라보고 뛰어가야 할 세상입니다.

물론 정원 77억 개는 과욕이지만 국제박람회라면 이런 꿈 정도는 말해도 된다고 생각합니다. 너, 나, 우리가 정원 하나씩 만들고 지킨다는 자세를 갖는다면, 그런 각오를 다진다면 아주 불가능한 일도 아닙니다. 지구 모습을 바꾸는 이 위대한 역사를 대한민국 순천이 시작하는 것입니다. 무엇보다 사람을 중심에 놓았다는 것이 10년 전 슬로건과의 가장 확실한 차이입니다.

One Man, One Garden

영문 슬로건은 이런 형태를 상상해봤습니다. 그냥 상상만 했습니다. 슬쩍 보고 눈을 씻으셔야 할 것입니다.

#3　　　이제 조금 더 쉬운 슬로건. 앞서 정원은 찾아가 구경하는 곳이 아니라 우리가 생활하는 일상이어야 한다고 말했습니다. 이번 박람회의 큰 주제 중 하나도 '일상 속의 정원'이라 들었습니다. 일상 속의 정원을 가장 쉽게 표현한 카피는 무엇일까요.

일상 속의 정원

맞습니다. 그냥 일상 속의 정원이라고 하면 가장 쉽습니다. 그런데 이건 콘셉트이지 카피라고 하기엔 20% 부족해 보입니다. 과학에게만 카피를 맡기면 이런 카피를 내밉니다. 영감의 힘을 빌려 같은 이야기를 조금 더 편안하게, 조금 더 맛깔나게 표현한다면 나쁘지 않은 슬로건이 될 것입니다. 우선 일상 속의 정원이 어떤 이미지인지 머리에 그려봅시다.

아침에 일어나 창을 열면 정원이 나에게 손짓을 한다.
아스팔트만 걷던 구두가 땅을 밟으며 걸음이 한결 가벼워진다.

예쁜 새, 귀여운 벌레들이 내게 친구 하자고 달려든다.
내 아이가 스마트폰을 잠시 덮고 풀잎과 시냇물과 대화한다.

어느 특별한 날만 그런 게 아니라 매일 이런 생활이 나와 내 가족에게 펼쳐집니다. 어제도 오늘도 내일도. 자, 이제 이런 싱그러운 생활을 표현하는 쉽고 편안한 슬로건이 떠오릅니다.

날마다 정원

나는 《카피책》에서 카피는 초등학교 5학년 혜진이가 금세 이해할 수 있을 만큼 쉬워야 한다고 말했습니다. 이 슬로건처럼. 물론 누구나 쉽게 찾을 수 있는 슬로건입니다. 그러나 어깨에 힘이 잔뜩 들어가면 이 쉬운 슬로건을 아차 놓치게 됩니다. 나는 놓치지 않았습니다.

'날마다'는 시간을 말하고 있지만 '누구나' '어디나' 같은 개념을 이미 포괄하고 있다고 생각합니다. 굳이 첨언하지 않아도 됩니다. 영문 슬로건은 어떻게?

everyday garden

예상했던 초딩 영어가 또 튀어나왔네요. 내 한계입니다.

역시 빨간 펜 쭉쭉 긋고 제대로 고쳐달라고 했습니다.

#4   하나만 더

마지막 카피는 어깨에 약간 힘을 넣어 생각했습니다. 언제 그런 슬로건이 나오나 기대하는 사람도 분명 있을 테니까요. 가능하면 관 주도 느낌을 버리자 했지만 박람회는 어쩔 수 없이 관이 주도하는 행사니까요. 이번 박람회의 가장 중요한 가치 중 하나를 문재인 대통령의 말씀에서 찾았습니다.

그린뉴딜은 우리가 가야 할 길이다.
한국판 뉴딜에는 그린뉴딜이 반드시 포함되어야 한다.

2020년 5월 20일 청와대 대변인 브리핑을 통해 국민에게 전달한 메시지입니다. 녹색산업으로 온실가스 감축 등 기후변화에 대응하고, 새로운 일자리도 창출하고, 미래 먹거리도 장만한다는 선언입니다.

이게 무슨 뜻입니까. 이번 박람회가 단순히 순천이라는 지역 행사가 아니라 대한민국의 미래를 책임질 행사라는 뜻입니다. 대한민국이 가야 할 길 맨 앞에 이 박람회가 있다는 뜻입니다. 그렇습니다. 이제 우리에게 정원은 자연이나 생태 의미를 넘어 미래라는 의미를 갖습니다. 이쯤이면 누구나 쉽게 머리에 떠오르는 슬로건이 있을 것입니다. 맞습니다. 당신이 지금 막 생각한 그 슬로건입니다.

정원이 미래다

누구나 생각할 수 있다는 건 그만큼 공감이 폭이 넓다는 뜻입니다. 어깨에 힘은 조금 들어갔지만 충분히 쓸 수 있는 슬로건입니다. 미래라는 관점에서 박람회의 가치를 선언하는 슬로건이니까요. 처음 제안한 슬로건처럼 주어, 술어 딱 두 마디로 된 힘 있는 카피.

이제 정원은 자연을 호흡하는 곳, 생태를 경험하는 곳, 여유를 만나는 곳을 뛰어넘어 우리의 미래를 책임질 곳입니다. 삭막한 도시보다 정원이 낫지. 이런 표현으로는 정원의 의미를 다 담지 못합니다. 우리가 신발 끈 질끈 동여매고 가야 할 길, 결코 포기해선 안 되는 길이 정원으로 가는 길입니다.

이렇게 정리를 끝냈는데 자꾸 미래라는 단어가 걸립니다. 과학은 합격 버튼을 눌렀는데 영감이 고개를 갸우뚱하며 주저합니다. 직업병입니다. 같은 의미, 다른 표현은 없을까요. 미래 같은 경직된 단어 쓰지 않을 수는 없을까요. 왜 없겠습니까. 찾으면 있습니다.

정원이 길이다

미래를 길로 바꿨습니다. 괜찮아 보입니다. 물론 이 길은 신발이 닿는 도로를 뜻하는 건 아닙니다. 방향을 뜻합니다. '정원이 미래다'라는 카피와 거의 같은 뜻입니다. 두 슬로건 모두 딱 여섯 글자입니다.

마지막 제안은 이렇게 두 가지 카피를 마련했습니다. 어느 쪽을 제안해야 할까요. 한참을 고민했습니다. 한참을 고민했지만 결심하지 못했습니다. 이럴 땐 고민을 나눠 갖는 것도 방법입니다. 박람회 측에 숙제를 떠넘겼습니다. 둘 다 건네며 어느 쪽을 선택해도 좋다고 했습니다. 조금 더 무게감을 갖고 싶다면 '미래'를, 조금 더 편안한 느낌을 주고 싶다면 '길'을 잡으라 했습니다.

Garden is the Future road

영문 슬로건입니다. 미래로 가든 길로 가든 이렇게 갈 수 있다고 했습니다. 하지만 영어 못하는 정철은 여전히 자신이 없는. 끝까지 자신이 없는.

#5   이렇게 네 가지 생각을 제안했고 순천은 첫 번째 생각을 선택했습니다. 제안서 맨 마지막 장엔 이런 말을

덧붙였습니다.

나는 누구보다 순천 국제정원박람회의 성공을 기원하는 국민입니다. 왜냐고요? 순천을 찾는 사람이 늘어나면 옆 동네 여수에 들르는 사람도 늘어날 테니까요. 그렇습니다. 내 고향은 여수입니다.

 밑줄 긋기

- 카피는 관성과의 싸움
- 가장 힘 있는 슬로건은 주어 술어 딱 두 마디
- 카피는 초등학교 5학년이 금세 이해할 수 있게
- 누구나 생각할 수 있다는 건 그만큼 공감의 폭이 넓다는 뜻
- 다시는 내게 영문 카피를 요구하지 말 것

7. 아흔다섯 장짜리 PPT
— 메시지가 살아 있는 프레젠테이션

정철 쌤 마씸미까.
여 김핸데예, 함 보입시다.

경상도 사투리가 나를 유인하는 전화를 했습니다. 내 귀가 들은 그대로 중계해야 실감날 텐데, 안타깝게도 내겐 그런 능력이 없습니다. 표준말 전환 기능을 작동합니다.

부경양돈을 아느냐. 부산, 울산, 경남 양돈 농가들이 만든 협동조합이다. 우린 '포크밸리'라는 브랜드로 10년 가까이 광고를 해 왔다. 새로운 광고를 하고 싶다. 새로운 슬로건을 갖고 싶다. 온 가족이 불판 앞에 둘러앉아 돼지고기를 공격하는 전형적인 광고에서 벗어나고 싶다. 경상도 사투리는 이런 무뚝뚝한 말로 나를 유인했고 나도 무뚝뚝한 대꾸를 돌려줬습니다.

마 그라입시다.

김해로 갔습니다. 내 광고주가 될 수도 있는 그들은 내 책을 읽었다고 했습니다. 책에 적힌 것 같은 새로운 발상을 받아보고 싶다고 했습니다. 이때, 이론과 실제가 같을 수 있나요, 이런 말을 해서는 안 됩니다. 위축도 안 되고 겸손도 안 됩니다. 입을 일자로 꾹 다물고 씩 웃어줘야 합니다. 자신감입니다. 일을 맡기는 사람에게 믿음과 기대를 주는 것이 일의 시작입니다.

시간, 비용, 범위에 합의하면 작업은 시작됩니다. 앞서 편지에서, 책상 앞에 앉는 순간부터 작업이 시작된다 했는데 착오입니다. 수정합니다. 책상 앞에 앉는 순간이 아니라 일에 합의하는 그 순간부터 작업은 시작됩니다. 그날 서울로 올라오는 기차 안. 내 머릿속에선 빨간 돼지, 파란 돼지, 찢어진 돼지가 이마를 마주하고 꿀꿀꿀 몰려다녔습니다. 시끄러워 죽을 뻔했습니다.

머리말에서도 말씀드렸듯이 내가 하는 일은 세 가지입니다. 나 홀로 생각. 나 홀로 생산. 나 홀로 배달. 생각이나 생산을 혼자 하는 건 익숙합니다. 프리랜서로 독립하기 전부터 이 일을 해왔으니까요. 문제는 배달입니다. 제안입니다. 설득입니다.

쓰는 일과 파는 일은 다른 일입니다. 글 잘 쓰는 사람이 말도 잘하는 게 아닌 것과 같은 이치입니다. 그런데 프리랜서라는 이유로 파는 일까지 해야 합니다. 해야 하니 했습니다. 하다 보니 요령도 조금은 쌓이더군요. 이 꼭지는 제안에, 설득에 시선을 두고 살펴주십시오.

내가 그들에게 던진 PPT 아흔다섯 장을 그대로 보여드립니다. 카피라이터는 PPT를 어떻게 만드는지, 한 페이지에 얼마나 짧은 메시지를 담으려 애쓰는지 살피실 기회입니다. 비주얼을 함께 보여드릴 수 없어 아쉽습니다.

포크밸리에 대한 이런저런 생각.

제안서 제목입니다. '이런저런 생각'은 내 제안서 표지에 자주 등장하는 표현입니다. 카피 한 줄 뚝 잘라 파는 게 아니라, 이런 과학과 저런 영감을 더한 생각 덩어리를 파는 거니까요. 제안서, 기획서, 보고서 같은 딱딱한 말은 거의 쓰지 않습니다. 나는 이런 느슨함이 좋습니다. 표지를 넘기면 날개 달고 하늘을 나는 귀여운 새끼돼지 한 마리가 등장합니다. 이어서 내가 묻고 내가 대답합니다.

#1　포크밸리에 대한 이런저런 생각

#2　이 친구 이름이 돼지 맞습니까?
　　아닙니다.

#3   하늘에서 내려온 천사입니다
     주는 대로 받아먹고, 아무 곳에서나 누워 자고, 더럽다 욕해도 화내지 않고, 이빨 발톱 다 뜯어봐도 다른 동물을 위협하는 날카로운 무기는 찾을 수 없고. 분명 천사 맞습니다.

#4   그러니까 우리는 소비자에게 천사를 소개하는 일을 하는 것입니다. 목에 힘주셔도 됩니다.

#5   무슨 뚱딴지같은 이야기냐고요?
     하하하, 돼지가 천사임을 주장하려는 게 아닙니다. 그동안 우리는 돼지가 천사인지, 악마인지, 아니면 다른 무엇인지 제대로 살핀 적이 없었다는 사실을 말하려는 것입니다. 그저 내 브랜드 알리는 일에 급급해 정작 돼지에겐 소홀했다는 얘기입니다.

#6   요컨대 새로운 캠페인에선 포크밸리가 아니라 돼지에게 시선을 주자는 얘기입니다. 또는 돼지고기 먹는 사람에게 시선을 줘보자는 얘기입니다.

#7   지금까지의 캠페인은 대체로 잘 해왔다고 생각합니다. '밸리굿'이라는 메인카피 좋습니다. 포크밸리라는

브랜드로 달려가는 힘이 강합니다. 모델 김성주와 오래 함께한 것도 흔들리지 않는 이미지를 심는 데 착실한 도움을 줬을 것입니다.

#8 이제 포크밸리는 한 단계 올라서야 합니다. 그냥 맛있는 돼지고기가 아니라 명실상부한 대한민국 대표 돼지고기로 우뚝 서야 합니다. 캠페인도 이에 걸맞게 바뀌어야겠지요. 포크밸리를 넘어 더 큰 무엇을 보는 캠페인으로.

#9 이런 큰 생각으로 세 가지 제안을 하려합니다.

#10 첫 번째 제안입니다.

#11 한 단계 치고 올라가야 할 이 시점에서 가장 위험한 생각은 무엇일까요.

#12 의심입니다
우리 품질이 일등 맞아? 우리가 남다른 캠페인을 해도 돼? 이런 의심. 그러니 가장 먼저 장착해야 할 것은 울긋불긋한 아이디어가 아니라,

#13   자신감!

자신이 있어야 남다른 캠페인을 욕심낼 수 있습니다. 자신이 있어야, 맛있어요, 신선해요, 믿을 수 있어요, 같은 감흥 없는 메시지에서 벗어날 수 있습니다.

#14   근거 없는 자신감이 아닙니다. 우린 이미 대통령상으로 최고 품질을 인정받았고 완벽한 계열화로 누구보다 앞선 시스템을 갖췄습니다. 시장 점유율이 우월하지 않다는 이유 하나로 위축될 건 없습니다. 이제 점유율에서도 앞서가기 위해 새로운 걸음을 내딛는 거니까요.

#15   자신 없는 브랜드는 주구장창 제품만 들여다봅니다. 그러나 제품에서 끄집어낼 수 있는 이야기는 거기서 거기입니다. 경쟁 제품과 차별화하기도 어렵습니다.

#16   그런데 시선을 제품에서 소비자로 옮기면 그곳엔 무궁무진한 이야기가 숨어 있습니다. 찾아서 들고 나오면 됩니다.

#17   자, 돼지고기 먹는 사람은 어떤 생각을 할까요.

#18 매일 소갈비를 뜯을 수 있으면 좋겠지만 그런 사람은 별로 없어. 재벌쯤은 되어야겠지. 나는 돼지고기로 만족해. 우리 가족 모두가 맛있게 먹고 건강했으면 좋겠어. 행복했으면 좋겠어. 돼지고기 든든히 먹고 불끈 힘을 내, 자신의 꿈을 향해 힘차게 달려갔으면 좋겠어.

#19 이들의 꿈과 함께하는 캠페인은 없을까요.

#20 모두가 불판에 놓인 돼지고기를 노려볼 때, 고개 들어 저 위에 있는 꿈을 보는 캠페인. 그런데 그것이 제품과 무관한 허황한 이야기가 아니라 포크밸리로 자연스럽게 연결되는 이야기.

#21 이쯤에서 과학의 말을 들어봅니다. 미래학자 롤프 옌센(Rolf Jensen)의 말입니다. "미래에는 마음을 가진, 스토리를 가진 브랜드가 필요하다. 그 스토리는 발명한 것이 아니라 발굴한 것이어야 한다."

#22 스토리 발굴을 위해 내 안의 과학과 영감은 부지런히 의견을 주고받았습니다. 잠시 후 내게 이런 키워드를 찔러줬습니다.

#23   돼지꿈
예부터 용꿈과 함께 최고의 길몽으로 치는 꿈. 포크밸리를 돼지꿈과 연결하라는 것이 내 영감과 과학의 명령이었습니다.

#24   즉, 먹고 잠들면 밤새 돼지꿈을 꿀 것 같은 돼지고기. 내 꿈 쪽으로 나를 힘차게 밀어줄 것 같은 돼지고기. 이제 포크밸리는 이런 돼지고기가 되는 것입니다.

#25   그래서 캠페인슬로건은,

#26   **돼지꿈 꾸세요**

#27   오래전 BC카드 캠페인 기억하세요? 배우 김정은이 빨간 산타 옷 입고 눈밭을 달리며 "여러분, 부자 되세요! 꼭이요!" 외치던 광고. BC카드는 수수료나 보너스 같은 혜택 대신 부자 욕심을 이야기했고 이는 큰 반향을 낳았습니다.(물론 욕도 많이 얻어먹었지만)

#28   돼지꿈 캠페인은 부자 캠페인과 유사합니다. 포크밸리를 먹으면 왠지 돼지꿈을 꿀 것 같은 기분을 주자는 것입니다. 물론 그렇게 믿는 사람은 없겠지만 돼지꿈

꾸라는데 기분 나쁠 사람은 없을 것입니다. 과학적인 근거를 추궁할 사람도 없을 것입니다. 탈 제품 캠페인이지만 어디 멀리 도망가지 않고 제품 주위에서 놉니다. 결국 돼지 이야기니까요.

#29 돼지꿈 = 포크밸리
이제 우리는 이런 등식 하나를 소비자 머리에 각인시킵니다.

#30 맛과 품질 이야기는 어떡하느냐고요? 걱정 마십시오. 이런 자신 있는 캠페인을 하는 자신 있는 브랜드라면 그런 얘기 하지 않아도 믿음이 가게 되어 있습니다. 맛과 품질 이야기도 아주 하지 않는 게 아니라 아래로 살짝 내려 서브에서 할 수 있습니다. 보조 매체를 활용하여 전달할 수도 있습니다.

#31 크리에이티브엔 두 가지 방법이 있어 보입니다.

#32 하나는 진지
하나는 유쾌

#33 먼저 진지

모델은 일단 그대로 갑니다. 첫 광고에 김성주가 나와 자신의 꿈을 진지하게 이야기합니다. 진짜 속마음을 털어놓으며 광고에 진심을 담습니다. 나이 쉰이 다 된 김성주에게도 꿈이 있다는 것. 그것만으로도 화제가 될 것입니다. 모두가 오래전 놓아버린 자신의 꿈을 다시 손바닥 위에 올려놓고 들여다볼 것입니다. 그다음부터는 비싼 모델 쓰지 않아도 됩니다. 이 제안서를 읽는 당신이 출연해도 됩니다.

#34 다음은 유쾌
이제까지의 톤&무드를 그대로 유지하는 안정적인 캠페인. 가족이 둘러앉아 돼지고기를 먹는 상황이 좋겠지요. 물론 대화는 돼지꿈이라는 우리 키워드가 주도합니다.
"아빠, 돼지꿈 드세요." "아들아, 돼지꿈 먹고 돼지꿈 꾸어라." 이런 카피가 유쾌하게 이어지는 크리에이티브.

#35 카피는 크리에이티브에 따라 이렇게 다양하게 움직일 수 있습니다.

#36 **돼지꿈 드세요!**

맛있게 먹고 돼지꿈 꾸세요!

돼지꿈 꾸시려면 포크밸리!

돼지꿈 먹고 돼지꿈 꾸세요!

돼지꿈 1인분 추가!

#37   다시 말하지만 중요한 것은 '돼지꿈 = 포크밸리'라는 등식을 만드는 것입니다. 이 등식이 성립되면 '돼지고기 = 포크밸리'라는 궁극의 목표에 성큼 다가설 것입니다.

#38   자, 이제 두 번째 제안입니다.

#39   두 번째 제안 역시 제품 자랑에서 벗어난 안입니다. 다시 한번 의심을 털고 그 자리에 자신감을 장착합시다.

#40   우리는 고기 먹을 때 어떤 고민을 할까요.
어떤 습관, 어떤 태도, 어떤 예의로 고기에 달려들까요.

#41   물론 사람마다 습관, 태도, 예의 다 다르겠지요. 서로 다른 습관 때문에 때론 고기 먹는 자리가 불편하거나 혼란스러울 수도 있을 것입니다.

#42   습관이든 태도든 예의든, 누군가 정답을 알려줬으면 하는 게 있지 않을까요. 아무도 가르쳐주지 않는 그것을 포크밸리가 친절히 알려주면 어떨까요. 흥미롭지 않을까요.

#43   이른바, 고기 먹는 진리 캠페인.

#44   물론 꼰대처럼 소비자를 훈계하는 캠페인이어서는 곤란합니다. 공자님 말씀이 등장한다면 관심도 흥미도 반응도 없을 것입니다. 모두의 궁금증을 풀어주되 모

두의 기대에 어긋나는 답. 의외의 답. 발칙한 답. 이게 캠페인의 핵심입니다. 그러니까 질문은 과학이 하고 대답은 영감이 하는 것입니다.

#45 자, 이제 고기 먹는 자리의 질문들을 떠올려봅시다.

#46 세 명이 먹을 땐 꼭 3인분을 시켜야 할까.
선배와 후배 중 누가 고기를 구워야 할까.
선배와 후배 중 누가 계산을 해야 할까.
돼지고기는 정말 끝까지 익혀 먹어야 할까.
살짝 탄 부위는 가위로 잘라 내야 할까.
고기는 상추나 깻잎에 싸 먹어야 할까.
고기 먹을 땐 소주일까 맥주일까 소맥일까.
마지막 남은 한 점은 누가 먹어야 할까.
찌개는 꼭 고기 다 먹은 후에 시켜야 할까.
고기 한 점, 냉면 한 입 이렇게 먹으면 안 될까.

#47 이런 질문에 답을 주는 캠페인. 재미있지 않을까요. 그래, 저거 나도 궁금했어. 내 궁금증을 포크밸리가 풀어주네. 이런 반응을 기대할 수 있지 않을까요.

#48 두 번째 캠페인슬로건은 이렇게 갑니다.

#49　**포크밸리 가라사대**

#50　포크밸리님은 이렇게 말씀하셨다는 뜻입니다.
　　이것이 돼지고기 먹는 진리라는 뜻입니다.

#51　슬로건에 제품 이름을 집어넣었습니다. 브랜드 인지도 높이는 데 도움을 주겠지요. 또 '가라사대'라는 카피가 인상적이어서 귀에 남을 것입니다. 자신감 같은 것도 팍팍 느껴집니다. 누구도 감히 말하지 못한 진리를 포크밸리가 설파하는 캠페인.

#52　카피의 대략 흐름은 이렇습니다.

#53　**4인 가족이면 몇 인분 시켜야 할까?**
　　포크밸리 가라사대 "엄마가 배부를 때까지."
　　자식 먹는 것만 봐도 배부르다는 엄마 말은 거짓입니다.
　　돼지고기의 진리, 포크밸리.

#54　아직 거친 카피지만 대충 이런 흐름으로 간다면 재미도 있고 제법 따뜻한 느낌도 줄 것입니다. 그래, 이제껏 내 배만 부르면 그만 시키자고 했어. 엄마 생각은 하지 않았어. 다음 외식 땐 엄마부터 챙겨야지. 엄마,

미안해.

#55 **캠페인슬로건은, 포크밸리 가라사대**
브랜드슬로건은, 돼지고기의 진리

#56 '돼지고기의 진리'는 두 가지 의미를 갖습니다. 하나는, 돼지고기 먹는 방법을 알려주니까 진리. 또 하나는, 누구도 범접할 수 없는 유일한 무엇을 지칭할 때 흔히 쓰는 진리.

#57 캠페인슬로건과 브랜드슬로건, 둘 중 어느 쪽을 대표선수로 앞세울지는 고민하셔야 합니다. 포크밸리 가라사대 캠페인. 돼지고기의 진리 캠페인. 둘 다 가능하니까요. 둘 다 힘이 있으니까요.

#58 이 캠페인 역시 모델은 김성주로 계속 가도 좋습니다. 그가 고기 먹는 사람들과 시청자 사이에서 진리를 하나씩 소개하는 스토리도 가능해 보입니다.

#59 카피 2탄, 3탄은 이렇게 이어질 수 있습니다.

#60 **가위는 누가 들어야 할까?**

포크밸리 가라사대 "선배가 든다."
당신이 퇴근하면 직책도 연봉도 함께 퇴근합니다.
돼지고기의 진리, 포크밸리.

#61 마지막 남은 한 점은 누가 먹어야 할까?
포크밸리 가라사대 "내가 먹는다."
먹을까 말까 망설이는 그녀의 고민을 해소해주는 것이 배려입니다.
돼지고기의 진리, 포크밸리.

#62 몇 가지 예를 들었지만 꼭 이대로 가자는 것은 아닙니다. 느낌이나 흐름만 보시면 됩니다.

#63 시즐!
고기를 굽고 자르고 먹는 모습이 보이는 광고이니 무엇보다 중요한 건 시즐입니다. 광고를 보는 순간 침이 꼴깍 넘어가는 영상이나 소리를 시즐이라 합니다.

#64 콜라병 뻥! 따는 소리, 병 주둥이 위로 하얗게 올라오는 연기, 콜라가 잔에 뛰어들며 만드는 화려한 거품, 꿀꺽꿀꺽 목 넘김, 이를 바라보는 아이의 황홀한 눈 같은 것이 모두 시즐입니다. 잊지 마시길.

#65 캠페인이 탄력을 받으면 돼지고기 먹는 진리만 이어질 이유도 없습니다. 마트에서 돼지고기 고르는 진리가 이어져도 됩니다. 돼지고기 부위별 맛의 차이를 공개하는 진리가 이어져도 됩니다. 돼지고기 생산의 진리, 관리의 진리, 유통의 진리를 소개할 수도 있겠지요.

#66 친절한 금자
금자라는 이름을 머리에 넣습니다. 한동안은 머리에 남아 있겠지만 시간이 가면 헷갈리기 시작합니다. 영자였는지. 경자였는지. 자, 이번엔 이름 앞에 세 글자를 더 붙입니다. 친절한 금자. 이 다섯 글자는 생각보다 오래 머리에 남아 있습니다. 세 글자 늘었는데 오히려 더 깊이 기억합니다.

#67 마찬가지입니다. 포크밸리, 포크밸리 아무리 크게 외쳐도 소비자는 기억하지 못합니다. 그러나 '포크밸리 가라사대'라고 네 글자 더 붙여 전달하면 기억의 힘은 훨씬 더 강해집니다.

#68 자, 이제 세 번째 제안입니다.

#69 Think a song!

이번엔 노래를 생각해봅시다.

#70 그렇다고 로고송을 만들자는 뜻은 아닙니다. 우리가 잘 아는 대중적인 노래와 대중적인 돼지고기 포크밸리를 연결하자는 것입니다. 그래서 포크밸리를 쉽게 또 재미있게 또 리듬감 있게 기억하게 만들자는 것입니다.

#71 포크밸리 트롯
포크밸리 트위스트
포크밸리 동요

#72 물론 경쾌한 노래를 골라야겠지요. 그래야 밝고 행복한 느낌을 전달할 수 있으니까요. 발라드나 재즈를 모시지 않은 것도 이런 이유에서입니다. 어쨌든 포크밸리를 이런 신나는 음악과 차례로 연결해 따라 부르게 하는 것입니다.

#73 캠페인슬로건은 당연히,

#74 **노래하는 돼지**

#75　돼지가 노래를 한다고? 하하하. 웃겨. 어떻게 노래할까. 꿀꿀꿀 이렇게 할까. 재미있네. 그런데 노래하는 돼지 이름이 뭐라고? 포크밸리? 이런 반응을 쉽게 얻어 낼 수 있을 것입니다.

#76　자, 먼저 트롯 한 곡을 등장시킵니다.

#77　저 푸른 초원 위에 그림 같은 집을 짓고
　　　사랑하는 우리 님과 한 백년 살고 싶어

#78　임과 함께
　　　가수 남진이 부른 '임과 함께'라는 노래입니다. 꽤 오래된 노래지만 최근 트롯 열풍 덕에 많은 사람이 이 노래를 압니다. 우리 타깃이라면 거의 다 알 것입니다. 설사 모르는 사람이 있다 해도 멜로디가 쉬워 한두 번 들으면 쉽게 따라 부를 수 있습니다. 가사를 바꿔 이렇게 갑니다.

#79　**저 푸른 포크밸리 그림 같은 포크밸리**
　　　사랑하는 포크밸리 한 백년 포크밸리

#80　브랜드가 가사를 무차별 점령합니다. 저렇게 푸른 포

크밸리를, 그림처럼 싱싱한 포크밸리를, 누구나 사랑하는 포크밸리를, 죽을 때까지 먹고 싶다는 메시지. 이를 신나게 경쾌하게 행복하게 전달합니다. 중독성이 강한 이 노래를 따라 부르다보면 자연스럽게 브랜드가 입에 붙을 것입니다.

#81   다음은 트위스트입니다.

#82   울렁울렁 울렁대는 가슴 안고
      연락선을 타고 가면 울릉도라
      뱃머리도 신이 나서 트위스트 아름다운 울릉도

#83   울릉도 트위스트
      옛날 무슨무슨시스터즈가 부른 노래입니다. 가사를 바꿔 이렇게 갑니다.

#84   **울렁울렁 울렁대는 포크밸리 천하제일 돼지고기 포크밸리**
      엄마아빠 신이 나서 트위스트 포크밸리 주세요

#85   포크밸리를 주문하고 울렁울렁 가슴이 설레어 젓가락 들고 신나게 트위스트를 추는 엄마아빠를 떠올려보십시오. 행복은 멀리 있지 않습니다. 가족과 함께 포크밸

리 먹는 그 시간 그 자리가 곧 행복입니다.

#86 다음은 동요.

#87 낮에 놀다 두고 온 나뭇잎 배는
엄마 곁에 누워도 생각이 나요
푸른 달과 흰 구름 둥실 떠가는…

#88 나뭇잎 배

모두가 다 아는 동요입니다. 이번엔 경쾌함이라기보다 청아함입니다. 청아한 아이 목소리로 노래를 들려줍니다. 물론 가사는 살짝 바꿔서.

#89 **낮에 먹다 두고 온 포크밸리는**
엄마 곁에 누워도 생각이 나요
포크밸리 포크밸리 포오크배앨리

#90 재미있습니다. 엄마 곁에 누워, 낮에 먹다 남은 포크밸리를 그리워하는 아이 모습을 떠올려보십시오. 어찌 재미없을 수 있겠습니까. 청아한 목소리에 이런 스토리를 담으니 더욱 재미있을 것입니다.

#91 노래 셋은 예를 든 것입니다. 꼭 이 노래로 가자는 건 아닙니다. 캠페인이 이어져 탱고나 왈츠까지 쭉쭉 전진할 수도 있겠지요.

#92 모델은 바꾸지 않아도 좋습니다. 이 기회에 복면가왕 무대에서 노래하지 않는 유일한 사람, 김성주의 노래 솜씨를 구경할 수도 있을 것입니다.

#93 지금까지 세 가지 캠페인슬로건을 제안했습니다.

#94 포크밸리에 대한 이해가 부족해 가렵지도 않은 남의 다리를 긁었는지도 모릅니다. 몇몇 단어는 수정이 필요할지도 모릅니다. 그러나 세 가지 모두 귀에 걸릴 만한 뾰족한 캠페인이라는 생각은 듭니다.

#95 하늘에서 내려온 천사, 포크밸리의 거침없는 비상을 기원합니다.

고맙습니다.

#96   PPT 아흔다섯 장을 그대로 보여드렸습니다. 비주얼을 보여드리지 못해 여전히 아쉽지만 느낌은 어느 정도 전달되었으리라 믿습니다.

나는 이처럼 말하듯 자근자근 기획서를 씁니다. 한 페이지에 최소한의 메시지를 담으려 애씁니다. 페이지 늘어나는 건 감수합니다. PPT 한 장 열어 놓고 길게 길게 말을 가져간다면 듣는 사람 집중력은 떨어지기 마련입니다. 지루함을 느끼기 전에 페이지는 넘어가야 합니다. 비주얼도 임팩트 있는, 느낌 있는 단순한 사진을 씁니다. 비주얼은 철저히 메시지 전달을 돕는 기능을 합니다.

물론 이것이 기획서의 원칙, PPT의 정석은 아닙니다. 이런 스타일로 기획서를 쓰고 PPT를 만들 수도 있다는 정도로 기억하시면 좋을 것입니다.

김해로 나를 유인한 경상도 사투리는 내 제안을 받아들였을까요. 어떤 제안을 받아들였을까요. 처음 제안. 돼지꿈 꾸세요.

나는 그들에게 슬로건을 자주 바꾸는 건 좋은 생각이 아니라고 했습니다. 지켜봐야겠습니다. 이 슬로건으로 얼마나 오래 캠페인을 끌고 가는지. 5년도 못 참고 이런 전화가 다시 온다면 받지 않아야겠지요.

정철 쌤 마씸미까.

여 김핸데예, 함 더 보입시다.

 밑줄 긋기

- 일 맡기는 사람에게 믿음과 기대를 주는 것이 일의 시작
- 가장 위험한 생각은 내 제품에 대한 의심
- 먹고 마시는 제품이라면 닥치고 시즐
- PPT 한 페이지에 최소한의 메시지
- 슬로건이든 모델이든 자주 바꾸는 건 좋지 않다

8. 수요일은 쉬지 않고 찾아왔고
— 생각이 에세이가 되는 과정 생중계

한 신문에 칼럼을 썼습니다. 매주 하나씩 썼습니다. 수요일은 쉬지 않고 찾아왔고, 그때마다 800자를 채워야 했고, 내 안의 과학과 영감은 지쳤고, 결국 1년을 다 채우지 못하고 항복하고 말았습니다.

이 꼭지는 카피 생산 과정이 아니라 에세이 생산 과정을 중계합니다. 에세이 역시 생각이 글이 되는 과정을 똑같이 거치니까요. 책 속에 카피 아닌 꼭지 하나쯤 들어 있는 것도 나쁘지 않을 것 같다는, 지루함을 덜어줄 거라는 기대로 이 꼭지를 욱여넣습니다.

칼럼 제목은 〈사람사전〉이었습니다. 내 책 제목과 같습니다. 책에 실린 단어와 짤막한 해석을 소개한 후, 책에서 다하지 못한 이야기를 풀어놓는 형식. 칼럼을 하나씩 다시 훑으며 그 길었던 1년을 되짚어봅니다.

이건 어떻게 썼지? 그래 이렇게 썼지.

#1

함께

합계보다 큰 수. 1과 1의 합계는 2에 불과하지만, 1과 1의 함께는 3이 될 수도 있고 10이 될 수도 있다. 합계는 수학이지만 함께는 인문학이다.

〈사람사전〉은 '함께'를 이렇게 풀었습니다. '함께'가 '합계'보다 힘이 세다고 했습니다. 연대의 힘, 공존의 힘, 포옹의 힘을 말했습니다. 이 단어를 축으로 어떤 이야기를 할 수 있을까요. 단어 품이 워낙 넓어 어떤 이야깃거리를 가져와도 글이 됩니다.

가족의 의미를 이야기해도 됩니다.
왕따 없는 학교 이야기를 해도 됩니다.
지난해 프로야구 우승팀 이야기를 해도 됩니다.

다 됩니다. 다 되니까 아무거나 먼저 손에 잡히는 이야기를 하면 될까요. 그건 아니지요. 내가 하고 싶은 이야기가 아니라 신문 읽는 독자가 듣고 싶은 이야기를 해야지요.

카피라이터는 본능적으로 타깃을 생각하며 연필을 움직입니다. 에세이라고 다를까요. 내 글을 읽는 사람 머릿속에 들어갔다 나온 후에 글을 쓰는 게 좋습니다. 그의 머릿속에서

목격한 것들을 손바닥 위에 올려놓고.

이 칼럼은 신문 35면에 실립니다. 독자는 무려 34면을 만난 후에 내 칼럼에 도착합니다. 그의 머릿속은 이미 신문이 뿌려놓은 뉴스와 이슈로 가득 차 있습니다. 갑자기 달나라 이야기를 한다면 두말없이 36면으로 도망갈 것입니다. 34면을 쓸고 지나온 독자의 머리와 가슴엔 어떤 이야기의 잔해들이 뒹굴고 있었을까요. 역시 코로나였습니다. 그땐 기사 대부분이 코로나 이야기였으니까요.

나는 '함께'를 코로나에게 줬습니다. 이 무서운 바이러스에 절망하는 독자들에게 '함께'라는 단어가 있음을 환기시켜 짧게나마 희망을 주고 싶어 그렇게 했습니다. 칼럼 일부를 옮깁니다.

> 지금 우리는 전쟁을 치르고 있다. 괴물 같은 바이러스가 우리 일상을 모조리 삼키며 확산되고 있다. 매일 공포가 생중계된다. 차별과 배제와 혐오가 난사된다. 마스크는 우리 표정마저 앗아가 버렸다. 절망에 실망이 더해지며 점점 다리에 힘이 풀린다.
> 그러나 절망이 깊을수록, 실망이 진할수록 '함께'라는 단어는 더 뜨거운 기운으로 우리 앞에 나타난다. 그는 우리를 붙잡고 말한다. 너는 혼자가 아니야. 자, 내 손을 잡아. 손에서 손으로 따뜻한 체온이 건너온다. 울컥 힘이 솟는다.

#2

독서

나는 책을 읽고 책은 나를 읽고. 책과 내가 마주보고 서로를 읽는 것이 독서. 나도 그렇지만 책도 맨날 똑같은 나를 읽으면 재미없겠지. 싫증나겠지. 책에게 늘 새로운 나를 보여주는 방법은 없을까. 있다. 독서다.

'독서'는 이렇게 풀었습니다. 책을 읽는 동안 책과 나 사이엔 아무것도 없습니다. 있다면 안경 하나. 아니면 책과 나 사이를 가볍게 통과하는 바람 한 줌. 책과 나는 어떤 장애물도 없이 서로를 응시합니다. 내가 일방적으로 책을 응시하는 게 아니라 책도 나를 응시합니다. 책에게 어제의 나를 다시 보여준다면 금세 하품하겠지요. 또 그 녀석이군.

자, 어떤 생각이 글이 되었을까요. 내가 책을 읽는 장면. 그 한 장면을 그냥 지나치지 않는 겁니다. 상상력을 동원해 그 장면을 해체하는 겁니다. 그 장면을, 나도 책을 읽지만 책도 나를 읽고 있어, 라고 해체하여 볼 수 있다면 영감이 제대로 일을 한 것입니다.

과학은 눈에 보이는 것을 놓치지 않고 보는 일을 합니다. 영감은 눈에 보이지 않는 것을 보는 일을 합니다. 눈에 보이는 대로 보지 않는 일을 합니다.

책 속엔 지식과 지혜와 통찰이 가득합니다. 그래서 새로운 나를 만들고 싶다면 책을 펴라고 합니다. 맞는 얘기입니다. 그러나 책이 건네는 지식과 지혜와 통찰을 꿀꺽 받아먹고 그대로 책을 덮는다면 새로운 나는 없습니다. 칼럼은 독서의 의미를 또 이렇게 부연 설명합니다.

독서란 책에 누워 있던 작가 생각이 새처럼 날아올라 내 머리 표면에 똑똑 노크를 하는 것이다. 그 순간 머리 안쪽에서 쿨쿨 잠자던 내 생각이 깨어난다. 형체를 알 수 없었던 내 생각이 비로소 모습을 갖춘다. 이제 보인다. 내 생각이 보인다. 나도 몰랐던 내 생각, 그것을 작가 도움으로 찾아내는 것이 독서다.

흔히 책 속에 길이 있다고 합니다. 그러나 책 속에 있는 건 길이 아니라 글입니다. 글이 그럴싸한 표지와 그럴싸한 두께로 내 앞에 놓여 있으니 그럴싸한 길로 보이는 것입니다(물론 이 책도 그럴 겁니다).

작가가 찾은 작가의 길을 엉금엉금 뒤따라갈 이유는 없습니다. 내 두 다리의 주인은 나니까요. 주인이 손님에게 길을 묻는 건 웃기는 일이니까요. 책만 그럴까요. 신문도 그렇다고 했습니다. 당신이 지금 읽는 이 칼럼도 그렇다고 했습니다.

#3

딸

그냥 예쁘다. 이래서 예쁘고 저래서 예쁜 게 아니라 그냥 예쁘다. 딸이 왜 예쁜지 모르는 사람은 설명해줘도 모를 것이고, 왜 예쁜지 아는 사람에겐 설명할 필요가 없으니 그냥 예쁘다. 어쩌면 세상 설명의 절반은 말의 낭비.

'딸'은 이렇게 풀었습니다. 설명할 필요가 없다고 했지만 딸 자랑을 하고 싶어 말의 낭비를 길게 하고 말았습니다.

10회 분량 예능 프로에 출연한 적이 있습니다. MBC 〈토크노마드〉. 내겐 처음이자 마지막 예능. 녹화 둘째 날 새벽, 집을 나서려는데 딸 담이가 물었습니다. 아빠, 짐 많아? 많지 않으면 이거. 그녀는 내게 두툼한 쇼핑백 둘을 건넸습니다. 그곳엔 초콜릿, 캐러멜, 사탕, 비스킷을 고루 담은 작은 포장이 무려 마흔 개나 들어 있었습니다.

촬영장 스태프가 모두 몇이야?

어제 그녀가 왜 이런 질문을 했는지 그때 알았습니다. 마흔 개 포장엔 하나같이 손 편지가 들어 있었습니다. 내 몫엔 아빠가 내 아빠여서 행복하다고 고백한 조금 더 긴 편지. 과자 사고 포장하고 편지 쓰느라 밤을 꼬박 새웠겠지요. 예뻤습니다. 이런 따뜻한 쇼핑백이라면 열 개, 스무 개도 가볍게 들고 갈 수 있습니다.

담이 마음을 받은 출연자와 스태프 모두가 감사 감동 감격했습니다. 울 아부지 잘 부탁해요. 걱정 붙들어 매세요. 손 편지 위로 오가는 대화가 예능 초보 귀에도 들리는 듯했습니다.

뭐든 글이 됩니다. 모든 경험은 글이 될 자격이 있습니다. 그런데 더 힘 있는 글, 더 재미있는 글, 더 울림이 큰 글은 늘 사람 이야기입니다. 가능하면 사람에서 이야기를 찾아 들고 나오십시오.

사람 중에서도 내 엄마, 내 아내, 내 남편, 내 딸 이야기라면 울림이 더욱 클 것입니다. 읽는 사람이 쉽게 감정이입을 할 수 있으니까요. 그 사람에게도 내 엄마, 내 아내, 내 남편, 내 딸이 있을 테니까요. 칼럼은 이렇게 마무리됩니다.

딸 마음이 아니라 엄마 마음이었다. 그녀 눈엔 처음 예능을 하는 아빠가 물가에 홀로 나가는 아들처럼 보였는지도 모른다. 나는 엄마가 둘이라 참 좋다.

#4

눈

또 하나의 입. 제발 도와주세요. 간절히 부탁합니다. 두 마디 모두를 입에게 시키면 도움 받을 확률이 떨어진다. 입은, 제발 도와주세요. 눈은, 간절히 부탁합니다. 이렇게 입과 눈이 역할을 분담해서 말해야 한다. 입이 하는 말이 진심인지 아닌지를 말하는 것이 눈이다.

'눈'은 이렇게 풀었습니다. 우리 몸에서 가장 열심히 사는 녀석이 눈입니다. 전공은 보는 일. 부전공은 우는 일. 복수전공은 흘기는 일. 신은 눈의 과로사를 막으려고 잠이라는 시간을 설계했을 것입니다. 눈에게만 독점 사용권을 허락한 '감다'라는 동사까지 만들어 바치며.

나는 이 글에서 눈이 하는 중요한 일 중 하나가 말하는 일이라 했습니다. 우린 말을 들을 때 그 말을 내보내는 입을 보지 않습니다. 그 사람의 눈을 봅니다. 눈이 하는 말을 봅니다. 눈이 초점을 잃고 흔들리면 말은 귓속 깊숙이 들어가지 못하고 귓바퀴 부근에 머물다 면봉에 덜미를 잡힙니다. 입이 하는 말이 조금 서툴더라도 눈이 진심임을 확인해준다면 말은 귀를 통과해 가슴에 안착합니다. 그렇습니다. 말은 입 혼자 하는 게 아닙니다.

새로운 글. 남다른 글. 뾰족한 글. 이런 글을 쓰려면 정답을 거부할 줄 알아야 합니다. 오답을 내놓을 줄 알아야 합니다. 말은 입이 한다. 이건 정답입니다. 눈도 말을 한다. 이건 오답입니다. 일단 이런 오답을 던져놓고 생각을 확장합니다. 분명 오답이었는데 차츰 또 하나의 답이 됩니다. 새로운 답이 됩니다. 나만의 답이 됩니다. 틀림없이 말이 안 되는 말이었는데 어느새 말이 됩니다.

해는 서쪽에서 뜬다.
밤하늘엔 별보다 달이 많다.
손기술이 좋아야 축구를 잘한다.
사람은 하루 여섯 끼를 먹어야 한다.
아이스크림을 많이 먹으면 키스를 잘한다.

이렇게 일단 저지르십시오. 그리고 어떻게든 말이 되게 만드십시오. 나는 이런 신나는 행위를 생각의 확장이라 부릅니다. 생각의 확장은 어려워서 어려운 게 아니라 자주 하지 않아서 어려운 것입니다.

여전히 거리엔 마스크가 걸어 다녔습니다. 입은 마스크 속에 고요히 묻혀 있었습니다. 눈이 입 대신 말하고 귀 대신 들어야 했습니다. 이 답답한 시간을 벗기 위해 이 답답한 시간을 견뎌야 했습니다. 지금 우리는 잘 견디고 있다고 했고 이렇게 글을 마무리했습니다.

> 마스크는 말한다. 입이 말을 난사하는 버릇이 있다면 지금 고치라고. 말의 양을 줄이는 연습을 지금 하라고. 이 불편한 시간을 잘 활용한다면 마스크를 벗는 그날, 내 입의 신뢰도는 한 뼘 더 올라 있을 거라고.

#5
가리다
가지다. 내가 가진 것이 나를 가린다. 나는 내가 가진 것을 보여주느라 나를 보여줄 틈이 없다. 남들도 내가 가진 것에 눈을 빼앗겨 나를 보려 하지 않는다. 많이 가질수록 많이 가린다. 지나치게 많이 가지면 나는 없다.

'가리다'는 이렇게 풀었습니다. '가리다'와 '가지다'는 같은 말이라 우겼습니다. 우겼으니 왜 같은 말인지 입증해야 합니다. 입증했습니다.

> 아침이다. 나는 내가 가진 것들을 치렁치렁 가슴에 단다. 아파트다. 자동차다. 졸업증명서다. 명품 가방이다. 금빛 명함이다. 이것들은 내가 세상과 싸워, 인생과 싸워 받아 낸 훈장이다. 거울을 본

다. 든든. 대견. 흡족.

훈장에 걸맞은 표정을 준비한 후 밖으로 나간다. 걷는다. 치렁치렁 훈장들은 내 걸음에 맞춰 뒤뚱뒤뚱 춤을 춘다. 찰랑찰랑 소리를 낸다. 사람들은 춤을 본다. 소리를 본다. 빛을 받아 눈을 찌르는 훈장을 본다. 그리고 말한다. 지금 내 곁으로 훈장이 지나갔어. 지금 내 곁으로 밤하늘 별 보는 걸 좋아하는 사람이 지나갔어, 라고 말하지 않는다. 지금 내 곁으로 시 서른 편을 줄줄 외우는 사람이 지나갔어, 라고 말하지 않는다. 지금 내 곁으로 목 늘어진 양말을 지독하게 싫어하는 사람이 지나갔어, 라고 말하지 않는다. 사람들 곁을 지나간 건 분명 난데 나를 본 사람은 없다. 내 표정을, 내 꿈을, 내 외로움을 본 사람은 없다. 훈장이 나를 투명인간으로 만들었으니.

'가지다'에서 '가리다'를 볼 수 있으면 나만의 생각 하나가 탄생합니다. '경력'에서 '역경'을 볼 수 있으면 나만의 생각 하나가 탄생합니다. '아마추어'에서 '아마'를 볼 수 있으면 나만의 생각 하나가 탄생합니다. '긍정' '행동' '방향' '성공' '정상' 이 모든 단어에서 '이응이응'을 볼 수 있으면 나만의 생각 하나가 탄생합니다. '나이키'에서 '나이'와 '키'를 함께 볼 수 있으면 나만의 생각 하나가 탄생합니다. '용기'에서 '씩씩한 기운'이라는 뜻과 '그릇'이라는 뜻을 함께 볼 수 있으면 나만의 생각 하나가 탄생합니다.

같은 것에서 다른 것을 발견하는 힘. 그 힘은 눈이 줍니다. 눈에게 글을 쓰게 하십시오. 칼럼은 이런 질문을 던지며 끝납니다.

> 얼마나 더 가져야 할까. 얼마나 더 가려야 할까. 끝은 있을까. 기저귀에도 수의에도 호주머니는 없는데.

#6
사람
모든 생각의 주어. 모든 행동의 목적어. 모든 인생의 서술어. 인생 마지막 날까지 보듬고 가야 할 문장. 사람이 먼저다.

마지막 칼럼입니다. 마지막 단어는 '사람'이었습니다. 칼럼 제목인 '사람'을 아껴두었다가 마지막에 내놓았습니다. 마지막 글인 만큼 내 마음대로 쓰겠다고 했습니다. 이것도 글이야? 하는 글을 쓰겠다고 했습니다. 그동안 내 글을 견뎌준 독자라면 이쯤은 허락해주리라 믿는다고 했습니다.

에세이는 이래야 한다. 이 '이래야'를 스무 글자 이내로 정의할 수 있을까요. 정의할 수 없다면 처음부터 '이래야'는 없는 건지도 모릅니다. 에세이뿐일까요. 세상엔 수많은 '이래야'가 있지만 새로운 감동은, 감탄은, 흥분은 바로 이 '이래야'를 걷어차는 용기가 만든 것일 겁니다. 과학이 정해준 길을 가지 않고 영감이 가고 싶어 하는 곳으로 전진.

그동안 내가 쓴 마흔두 편 칼럼에 등장한 거의 모든 단어가 무대에 올랐습니다. 이들은 입을 모아 '사람'을 합창하며 독자에게 마지막 인사를 했습니다. 긴 인사였습니다.

> 사람을 맨 앞에 둔다. 말보다 글보다 밥보다 땀보다 꿈보다 책보다 돈보다 공부보다 합격보다 명예보다 명성보다 직업보다 직장보다 명함보다 승진보다 승리보다 성공보다 효율보다 아파트보다 자동차보다 지식보다 지혜보다 통찰보다 냉면보다 짜장면보다 짬뽕보다 돼지목살보다 옷보다 옷장보다 소파보다 향수보다 휴대폰보다 지포라이터보다 재즈보다 헤비메탈보다 자존심보다 자부심보다 수학보다 과학보다 의학보다 백신보다 전공보다 부전공보다 복수전공보다 정치보다 선거보다 검찰보다 법원보다 언론보다 신문보다 칼럼보다 남북정상회담보다 술보다 안주보다 건배보다 하늘보다 바다보다 햇살보다 바람보다 꽃보다 시보다 물보다 불보다 공기보다 지구보다 칼보다 총보다 펜보다 성경보다 기도보다 예배당보다 믿음보다 성실보다 정직보다 의지보다 춤보다 노래보다 불금보다 일등보다 일류보다 감사보다 감동보다 감격보다 가훈보다 급훈보다 교훈보다 고향보다 습관보다 가치관보다 가능성보다 커피보다 가방보다 여행보다 풍경보다 강연보다 높이보다 넓이보다 두께보다 평화보다 사랑보다, 사람이 먼저다.

#7   카피와 에세이는 같습니다. 생각을 글로 표현한다는 점에서 같습니다. 글자로 사람 마음을 훔친다는 점에서 같습니다. 카피와 에세이는 같지 않습니다. 카피는 쓰는 것으로 끝이 아닙니다. 광고주가 오케이 할 때까지 무수히 많은 칼질을 견뎌야 합니다. 에세이는 누구 허락을 받을 필요가 없습니다. 내가 하고 싶은 이야기를 내가 담고 싶은 그릇에 담아 내놓으면 됩니다. 그래서 에세이 쓰는 일이 더 쉬울까요. 부담이 덜할까요. 아니, 오히려 그래서 더 어렵습니다.

카피는 세상에 나갈 때 카피라이터 정철이 쓴 카피라는 이름표를 달고 나가지 않지만, 에세이는 작가 이름을 이마에 붙이고 나갑니다. 쉽게 쓸 수 없습니다.

 밑줄 긋기

- 읽는 사람 머릿속에 들어갔다 나온 후에 글을 쓴다
- 모두가 상식이라 믿는 장면을 해체한다
- 영감은 눈에 보이지 않는 것을 본다
- 사람에서 이야기를 찾는다
- 정답이 아니라 오답을 던진 후 생각을 확장한다

9. 가나다라마바사
— 입이 하고 싶은 말, 귀가 듣고 싶은 말

내겐 노중섭이라는 생명공학박사 매니저가 있습니다(학위를 확인한 적은 없습니다). 월급 안 줘도 되는 매니저입니다. 부당노동행위라고요? 아닙니다. 하는 일이 없는데 무슨 월급을 줍니까. 물론 하는 일이 아주 없지는 않습니다. 가끔 나랑 술 마셔주는 일은 합니다.

이 친구가 한 번은 진짜 매니저 역할을 했습니다. 나를 만나려는 누군가가 그에게 연락을 한 것입니다. 허둥지둥 전화가 왔습니다. 형님, 저를 진짜 매니저로 알고 메시지가 왔어요. 어떡하죠? 어떡하긴 나랑 연결하면 되지. 그렇게 딱 5분 매니저 역할을 했습니다. 명함 없는 매니저로 산 지 20년 만에.

그 누군가는 퀀텀바이오닉스라는 스타트업 기업 마케팅 총괄 부사장이었습니다. 만났습니다. 이름은 태영인데 에너지는 태양인 여자사람이었습니다. 태양에 이끌려 그 회사에 갔습니다. 그들이 가진 놀라운 기술에 대해 들었습니다. 두 시간을 들었습니다. 전자약, 양자역학, 구리나노합금, 항바이러스 같은 과학이 회의실 안에 가득 쌓였습니다. 하지만 내겐 다 딴 세상 이야기였습니다. 거의 이해하지 못했습니다.

그래도 좋았습니다. 카이스트 출신 대표의 착한 눈이 좋았습니다. 당장은 마스크나 방역필름을 만들지만 궁극적으로 치매나 암을 정복할 거라는 그들의 꿈이 좋았습니다. 우리 사는 이 세상이 사람 사는 세상으로 가는 데 작은 보탬이 되고 싶다는 그들의 어마어마한 포부가 좋았습니다. 함께하기로 했습니다. 함께 가기로 했습니다. 매니저는 빼고.

#1 회사 이름 이외에 기업철학이나 슬로건, 브랜드네임 같은 메시지는 정리된 게 하나도 없었습니다. 모두 다 내 일이었습니다.

먼저 기업철학부터 정립해야 했습니다. 기업철학은 그 기업이 가고자 하는 목적지입니다. 임직원 모두의 머릿속에 같은 지도가 그려져 있다면, 김 부장도 이 대리도 일하면서 엉뚱한 길로 접어드는 결정은 하지 않겠지요. 흔들리거나 헷갈리지 않고 길을 잡아 갈 수 있다는 뜻입니다.

물론 기업철학은 소비자에게 들려줄 커뮤니케이션 메시지는 아닙니다. 구성원을 하나로 묶는 용도로, 기업이 중요한 결정을 할 때 판단 기준으로, 때론 언론 인터뷰에서 회사를 소개하는 용도로 사용할 수 있을 것입니다(물론 기업철학이 마음에 들면 그것을 기업슬로건으로 함께 사용할 수도 있지요).

자, 그들이 가고 싶은 곳은 어디일까요. 아니, 아닙니다. 이제부터 '그들'이 아니라 '우리'라고 해야겠습니다. 나도 한배를 탔으니까요. 우리가 가고 싶은 그곳이 어디인지 알려면 먼저 우리의 연관단어를 살펴야 합니다. 그것들을 쭉 나열한 후 공통분모를 찾아낸다면 목적지가 눈에 보일 것입니다.

질병, 코로나, 치료, 위로, 희망, 카이스트, 나노기술, 양자역학, 구리, 암, 치매… 퀀텀의 연관단어입니다. 단어 스펙트럼이 워낙 넓어 공통분모를 발견하기 어렵겠다고요? 얼핏 보면 그럴 수 있습니다. 그런데 두 눈 크게 뜨고 살피면 이들 모두가 어느 한곳을 향해 달려가고 있음이 보입니다. 그곳이 공통분모입니다. 자, 두 눈 크게 뜨셨습니까. 이제 보입니까. 보입니다.

사람.

우리의 연관단어는 하나같이 사람을 향하고 있습니다. 우리는 사람을 질병에서 구하려고 의료기술을 개발합니다. 우리는 사람에게 희망을 주려고 연구실에서 컵라면 씹으며 밤을 꼴딱 새웁니다. 우리가 하는, 또 하려 하는 모든 일은 사람의 생명에 관한 일입니다.

공통분모는 사람. 이제 사람이라는 키워드로 기업철학을 세우면 됩니다. 사람을 손에 쥐고 생각을 조금 더 진전시켰습니다. 우리가 기업을 만드는 이유, 기업을 성장시키려는 이유. 그건, 사람이 사람답게 살 수 있게 하려고.

질병에서 자유로워져야 사람답게 살 수 있습니다. 조금이라도 덜 고통스럽게 치료받아야 사람답게 살 수 있습니다. 가정경제를 망가뜨리지 않고 치료받아야 사람답게 살 수 있습니다. 우리는 바로 이 일을 하고 싶은 것입니다. 이 생각을 짧게 압축했습니다.

사람답게

이 한마디가 내가 제안한 기업철학입니다. 이 철학엔 두 가지 의지가 담겨 있습니다.

1. 인류를 질병에서 구해 사람답게 살게 하겠다는 의지.
2. 사람답게 일하고 사람답게 대우받는 일터가 되겠다는 의지.

하나는 대외적인, 하나는 대내적인 의지입니다. 만약 '사람답게'를 기업철학으로 모신다면 경영진은 스스로에게 시도 때도 없이 물어야 합니다. 과연 우리 구성원들은 사람답게 일하고 있는지. 행여 내가 기업철학에 반하는 결정을 내리는 건 아닌지. 즉, 회사를 끌고 가는 사람에겐 무거운 족쇄가 될 수도 있는 철학이라는 얘기입니다. 하지만 세상에서 가장 따뜻한 족쇄이니 차고 다닐 만할 거라고 했습니다.

#2   기업슬로건도 마련해야 했습니다. 먼저 A안. 주저리주저리 길게 말하지 않고 그냥, 바로, 딱 보여드렸습니다.

사람답게

이건 뭐지? 방금 기업철학으로 제안한 카피잖아. 이걸 왜 또 보여주는 거지? 이런 궁금증이 들겠지요. 자, 복습입니다. 내가 기업철학 제안할 때 써놓은 괄호 속 문장 기억하십니까. 바로 이 문장(물론 기업철학이 마음에 들면 그것을 기업슬로건으로 함께 사용할 수도 있지요).

그렇습니다. 철학으로 제안했지만 이 카피를 슬로건으로 써도 좋다고 생각했습니다. 짧습니다. 쉽습니다. 목적지를 잘 제시하고 있습니다. 그러니까 철학과 슬로건을 하나로 가는 것입니다. 카피 의미는 앞서 친절히 설명했으니 더는 첨언하지 않겠습니다.

#3   이제 기업슬로건 B안입니다.

우리가 하고 싶은 말은 무엇일까요. 우리는 양자역학으로 질병을 치료하고 바이러스를 물리치는 어마어마한 노하우를 가졌다. 과장 아니다. 정말 그렇다. 누구도 본 적 없는 신기술이다. 신기술 이름은 토르Q. 당신도 곧 지겹게 듣게 될 이름이다. 당장은 구리를 이용하여 바이러스를 제압하는 일에 집중한다. 그러나 이 일이 끝이 아니다. 우리가 노려보는 건 암이나 치매 같은 난치병이다. 앞으로 몇 년, 우리가 내놓을 성과에 당신은 놀라 까무러칠 것이다. 미리 담력 키우는 운동을 해두는 게 좋다.

소비자가 듣고 싶은 말은 무엇일까요. 양자역학, 모른다. 바이러스, 모른다. 나노기술, 모른다. 토르Q, 모른다. 구리도 모른다. 서울과 딱 달라붙은 경기도 구리, 이세돌 라이벌이었던 중국 바둑 기사 구리는 안다. 내게 어렵고 복잡한 기술을 설명하려 들지 마라. 너희가 어떤 꿈을 꾸는지도 내 알 바 아니다. 내게 접근하고 싶다면 세상에서 가장 쉬운 말로 너희를 설명하고, 너희 기술을 설명하고, 너희 꿈을 설명하라. 아주 느린 목소리로. 그래도 다 알아듣지 못하겠지만.

자, 하고 싶은 말과 듣고 싶은 말에는 상당한 간극이 있습니다. 커뮤니케이션은 이 간극을 좁히는 일을 해야 합니다. 어려운 말을 쉽게. 복잡한 말을 단순하게. 긴 말을 짧게. 이것이 우리가 고민해야 할 숙제입니다. 이 숙제를 잘 풀면 괜찮은 기업슬로건을 손에 쥘 수 있을지도 모릅니다.

양자역학의 신기원

나노기술의 끝

퀀텀의 라이벌은 퀀텀뿐이다

이런 메시지는 다 아니라고 했습니다. 왜? 하나같이 주장이니까요. 웅변이니까요. 고함이니까요. 어쩌면 소음인지도 모릅니다. 공감도 어렵고 설득은 더 어렵습니다. 소비자는 나노기술을 누가 끝장냈는지 관심 없습니다. 소비자에게 들려줄 말은 놀라운 신기술 이야기가 아니라, 이 놀라운 신기술이 내게 어떤 즐거움을, 어떤 이익을, 어떤 혜택을 주는가. 그런 관점에서 메시지를 찾았습니다.

질병 없는 세상

이런 세상이 쉽게 올 리 없지만 우리가 가고 싶은 곳은 이 언저리일 것입니다. 이 정도면 퀀텀이 해낼 일, 퀀텀이 꾸는 꿈을 소비자 이익이라는 관점에서 이야기하는 것이라 할 수 있습니다. 이제 됐습니까.

아닙니다. 질병 없는 유토피아는 너무 큰 이야기입니다. 너무 먼 이야기입니다. 기업 하나가 우주를 구하겠다고 나선 느낌입니다. 많은 기업이 이런 접근으로 슬로건을 마련한다 해서 따라갈 이유는 없습니다. 같은 이야기를 피부에 닿는 이야기, 소비자 손을 꼭 붙잡고 하는 이야기처럼 들리게 바꿀 수는 없을까요.

아프지 마세요

이 여섯 글자가 내가 제안한 기업슬로건 B안입니다. 질병 없는 세상과 같은 뜻입니다. 같은 뜻인데 다르게 들립니다. 허공에 대고 하는 말이 아니라 내 귀에 대고 하는 말처럼 들립니다. 퀀텀이 소비자에게 어떤 일을 해드릴 수 있는지 이 슬로건이 명쾌하게 알립니다.

카피는 손으로 쓰는 게 아닙니다. 눈으로 쓰는 것입니다. 만드는 게 아니라 찾는 것입니다. 영어 못하는 정철이 과감하게 영어로 표현한다면 make가 아니라 search입니다. 아프지 마세요. 이 슬로건이 바로 make가 아니라 search입니다. 우리가 자주 쓰는 말 중에서 찾아 들고 온 카피입니다.

#4   **사람답게**
      아프지 마세요

기업슬로건 A, B안입니다. 표현은 다르지만 두 카피는 서로 호환합니다. 서로를 응원하며 기업을 한 방향으로 달리게 합니다. 같은 말이라 해도 좋을 것입니다. 이제 회사 이름 위에 이 중 하나가 올라앉을 거라 했습니다. 어떤 카피가 올라앉든 기업철학 '사람답게'는 대표님 방 눈에 잘 띄는 곳에 늠름하게 붙여두라고 했습니다.

퀀텀은 어떤 슬로건을 선택했을까요. 선택하지 않았습니다. 메시지에 관한 모든 건 내게 맡기겠다며 입을 닫아버렸습니다. 그것 참. 나는, 내가 제안하고 내가 선택하는 수상한 일을 해야 합니다. 했습니다. 기업철학도 기업슬로건도 '사람답게' 하나로 통일하자. 우리에겐 마케팅에 쓸 총알이 많지 않다. 메시지를 분산할 여력이 없다. '아프지 마세요'는 일단 호주머니에 넣어두자. 나중에 꺼내 쓸 일이 분명 있을 것이다.

#5　　　　이렇게 내부 정비를 마쳤습니다. 이제 소비자와 만나야 합니다. 가장 먼저 마스크로 만나야 합니다. 마스크 이름부터 정해야 했습니다. 길게 고민하지 않았습니다. 서너 줄 위에 있는 문장을 다시 가져옵니다. 하나로 통일하자. 우리에겐 마케팅에 쓸 총알이 많지 않다. 메시지를 분산할 여력이 없다.

사람답게 마스크

'사람답게'는 철학과 슬로건을 다 먹고도 배가 고팠나봅니다. 브랜드네임까지 독식합니다. 사람답게 산다는 건 어떤 걸까요. 코로나 걱정뿐 아니라 냄새 걱정까지 싹 사라져야 사람답게 사는 거지요. 우리 마스크가 그 일을 한다고 했습니다. 왜 그렇게 말했느냐고요? 실제로 그 일을 하니까요. 구리가 그 일을 하니까요.

#6 시간이 없었습니다. 마스크는 당장 시장에 나가야 했습니다. 마스크 패키지가 나를 붙잡고 말했습니다. 이제 내 차례지? 빨리 만들어줘. 나도 약국에 마트에 번듯하게 걸리고 싶어.

우리는 패키지 한쪽 면을 광고 페이지로 사용하기로 했습니다. 흔하디 흔한 광고가 아니라 카피가 주도하는 광고. 카피의 힘을 패키지로 보여주자고 했습니다. 깨알 같은 기능 자랑에 집착하지 않고 재미, 공감, 감동을 주는 메시지로 시중 마스크와는 격이 다른 마스크임을 만천하에 선언하자고 했습니다.

세종대왕을 모셨습니다. 물론 모델로 모신 건 아닙니다. 그는 이미 조폐공사 전속 모델이니까요. 그가 만든 훈민정음을 모셨습니다. 패키지 하나하나에 가, 나, 다, 라 헤드라인을 크게 키워 나란히 놓으면 한글날이 한눈에 보입니다. 매장에 가나다라마바사 주르륵 걸려 있으면 그 자체로 임팩트가 있을 것입니다. 제품 자랑이 아니라 이 시대를 살아가는 자세, 태도, 희망, 자부심 같은 것을 마스크와 연결해 이야기하는 카피 열세 개가 패키지 열세 개에 차례로 놓였습니다.

가

가, 라고 단호히 명령합니다. 코로나에게. 이름 모를 바이러스에게. 그리고 불유쾌한 냄새에게도. 지금 당신이 손에 쥔 이 마스크가 가라고 명령하면 아무리 못된 바이러스도 99.99% 갑니다. 죽습니다.

나
나 혼자 힘으로는 할 수 없는 일. 우리가 되면 할 수 있는 일. 바로 코로나와의 전쟁에서 이겨 승리의 깃발을 드는 일입니다. 하지만 여전히 코로나는 우리의 방심을 노리고 있다는 사실. 모두 함께 명심.

다
다 쓸어 냅시다. 코로나도. 코로나가 데리고 온 공포도 절망도 갈등도. 대한민국은 그 일을 잘하고 있고 잘 해나갈 것입니다. 그런데 대한민국이 누구입니까. 바로 당신이 대한민국입니다. 당신, 정말 멋집니다.

라
라라라 노래합시다. 마스크 벗고 마이크 들고 노래합시다. 발라드도 부르고 트롯도 부릅시다. 물론 오늘 당장은 아닙니다. 마이크를 다시 들고 싶다면 마스크. 하루라도 빨리 들고 싶다면 바로 이 마스크.

마
마음이 합니다. 경제를 살리는 일도 마음이 합니다. 공연장과 경기장의 환호를 살리는 일도 마음이 합니다. 코로나에 결코 지지 않겠다는 굳은 마음이 합니다. 대한민국엔 무려 5천만 개의 마음이 있습니다.

바

바람이 붑니다. 태평양 건너 미국에서, 현해탄 건너 일본에서 부러움의 바람이 불어옵니다. 그 바람에 취해서는 안 되겠지요. 이 마스크의 바람은, 모두가 마스크 끈을 귀에 걸자는 것. 긴장의 끈을 놓지 말자는 것.

사

사람은 도구를 만드는 동물입니다. 우리는 마스크라는 도구를 만들었습니다. 왜 만들었을까요. 쓰려고 만들었지요. 씁시다. 만들었으니 씁시다. 여우가 토끼가 마스크를 만들어 썼다는 말은 들어본 적 없습니다.

아

아… 한 가지는 슬픕니다. 코로나를 완전히 소탕하는 날. 그날부터 당신은 이 마스크를 찾지 않을 거라는 슬픈 예감. 슬픈 예감을 틀린 적이 없다는데. 그럼에도 불구하고 어서 빨리 그 슬픈 날이 왔으면 좋겠습니다.

자

자, 우리는 할 수 있습니다. 음악도 해냈고 영화도 해냈습니다. 이젠 K-방역입니다. K는 KOREA의 첫 글자일 수도 있지만 MASK의 마지막 글자일 수도 있습니다. K-방역 처음부터 끝까지 이 마스크가 함께합니다.

차

차 안에 마스크를 열 장, 스무 장 넉넉히 넣고 다니는 아버지가 말했습니다. 내년 봄 딸아이 결혼식에 건강한 모습으로 걸어 들어가고 싶어 나는 오늘도, 굳이, 기어이, 기필코 이 마스크를 씁니다.

카

카~. 샴페인 한잔 하고 내뱉는 감탄사입니다. 우리, 잘하고 있습니다. 그러나 샴페인을 너무 일찍 터뜨리지는 맙시다. 나중에, 천천히, 우리 모두가 마스크를 벗어던지는 그날, 큰 소리로 건배하며 카카카~.

타파

타파해야 할 건 코로나만이 아닙니다. 지금은 남을 향한 비난, 조롱, 차별, 혐오 같은 것들도 함께 타파해야 합니다. 서로에게 상처를 주는 아픈 말이 바이러스보다 더 위험한 바이러스입니다.

하

하하하, 호호호, 히히히. 내일은 어떤 표정으로 웃어도 좋습니다. 웃고 싶다면 내일 실컷 웃읍시다. 입을 크게 벌려 뜨겁게 웃고 코를 훌쩍거리며 기쁘게 웁시다. 하지만 오늘은 입도 코도 온전히 이 마스크 속에.

카피에도 설계가 있습니다. 나는 '가나다라마바사'라는 설계도를 먼저 그리고 그 위에 살을 붙여 카피를 썼습니다. 건물 지을 때와 같습니다. 골격을 먼저 세운 후 시멘트를 발라야 합니다. 당신은 어떤 설계를 하시겠습니까. 12345라는 골격은 어떻습니까. ABCDEF라는 골격은 어떻습니까.

카피에도 설계가 있습니다.
당신은 어떤 설계를 하시겠습니까.

#7 　　　기업철학도 기업슬로건도 브랜드네임도 내 제안 그대로 갔습니다. 다만 패키지 카피만은 그대로 가지 못했습니다. 패키지를 열세 종류로 만들어야 하는 부담 때문이었습니다. 그래서 가나다라는 죽은 자식이 되었을까요. 당장은 죽은 자식이지만 이렇게 내 공책에 살아남아 부활을 기다리고 있습니다. 언젠가는 세종대왕을 내 앞에 다시 모실 것입니다.

 밑줄 긋기

- 연관단어의 공통분모를 키워드로
- 소비자에게 복잡한 기술을 설명하려 들지 않는다
- 기업이 하고 싶은 이야기는 주장, 웅변, 고함, 소음이다
- 카피는 손이 아니라 눈으로 쓴다
- 카피에도 설계가 있다

친구가 죽었다

내겐 오랫동안 친구라는 단어의 주인이었던 친구가 죽었다. 40년 친구. 나는 그 알량한 문상이라는 것을 하고 집에 돌아와 소주를 먹었다. 반쯤 취해 고무장갑을 끼고 그릇을 씻었다. 안주가 목구멍 속으로 사라져 이젠 아무 소용없는 그 허한 그릇을 박박 문질렀다. 수챗구멍 속으로 무언가 뜨거운 것이 사라졌다.

이제 그놈이 없다.

첫 문장. 친구가 죽었다. 글을 쓰며 이 문장만큼 쓰리고 아픈 문장은 없을 거라 생각했습니다. 다시 읽어보니 정말 아픈 건 마지막 문장이었습니다. 이제 그놈이 없습니다. 정말 없습니다. 아주 없습니다. 영원히 없습니다. 2019년 한여름 친구를 먼저 보내고.

떡국

딸이 떡국을 끓였다. 정말 맛있다. 정말 맛있는데 정말 맛있다고 말하면 엄마 음식 솜씨 비하 발언이 될까 봐 제법 맛있다고 했다. 제1입은 그렇게 말했는데 제2입이 눈치 없이 두 그릇을 먹어버렸다. 들켰겠지?

들켰습니다. 하지만 엄마는 삐지지 않았습니다. 순순히 패배를 인정했습니다. 주방의 일인자 자리에서 내려오는 걸 섭섭해하지 않았습니다. 쿨함인 줄 알았는데 아니었습니다. 영리함이었습니다. 1년 지난 설날 아침. 엄마는 늦잠. 딸은 주방에서 달그락달그락.

시무식

올해도 나 홀로 시무식.
전원 참석.

새해 첫 출근. 회사는 시무식을 합니다. 나도 회사입니다. 1인 회사입니다. 그래서 시무식을 했습니다. 혼자 했습니다. 아니, 혼자 하기 멋쩍어 빨강, 파랑, 노랑 연필 일렬로 주르륵 세우고 했습니다.

대리운전

여의도에서 한잔하고 대리운전을 불렀다. 기사님에게 우리 집을 설명했다. 성내천변에 있는 어쩌고저쩌고…. 기사님이 말을 끊는다. 아, 거기 알아요. 며칠 전에 갔어요. 양지탕 앞에서 거기 사는 손님을 태웠어요. 강북강변 탈게요.

나였다.

강북강변을 달리며 페이스북에 쓴 글입니다. 음주 SNS는 하지 않겠다 결심했는데 가끔 이렇게 하고 맙니다. 물론 글은 취하지 않았습니다. 맞춤법 하나, 띄어쓰기 하나 틀리지 않았습니다. 비문도 보이지 않습니다. 괜찮은 글 아닙니까. 술이 감성 과잉을 낳는다지만 우린 그런 걱정 하지 않아도 됩니다. 우리 안에는 과잉을 걱정할 만큼의 감성이 이미 없으니까요. 이성만 득실득실.

TAKE
3

생각이
글이 되는 과정
생중계

10. 철도가 척도다
— 공공기관 슬로건이 해야 할 일

철도는 좌우 직선 두 개가 평행을 유지하며 달립니다. 균형을 유지하며 달립니다. 끝도 없이 달립니다. 그래서 그럴까요. 인생을 철도에 바친 사람들은 선이 하나만 놓이는 상황을 싫어하는 것 같습니다.

국가철도공단이 일을 부탁했습니다. 그런데 카피 하나 뚝딱 써달라는 부탁은 아니었습니다. 한꺼번에 두 개의 일을 들고 왔습니다. 하나는 철도공단 슬로건. 또 하나는 철도공단이 내놓는 책 제목. 좌우 평행을 이룬 부탁이었습니다. 나는 어느 한쪽으로 치우치지 않고, 숙제 두 개를 나란히 들고 힘차게 달렸습니다. 칙칙폭폭.

#1 철도공단 슬로건.

철도공단이 슬로건에 담아야 할 가치는 무엇일까요. 나는 공단이 내게 준 다섯 장짜리 브리프를 세 번 정독했습니다.

영감이 섣불리 달려들지 못하게 차단하고 과학에게 충분한 시간을 줬습니다. 분명 브리프 안에 답이 있을 테니까요.

〈철도공단의 비전〉이라는 제목을 단 브리프엔 이런 문장들이 놓여 있었습니다. 국민을 잇는 철도. 세계를 여는 철도. 세계로 미래로 국민과 함께 가는 K-Rail. 한반도를 넘어 세계로 나아가는 국가철도공단. 국민행복을 나르는 스마트 철도기관.

보입니다. 답이 보입니다. 세 가지 가치가 보입니다.

국민.
세계.
미래.

철도공단의 가치는 이 셋으로 요약할 수 있습니다. 국민을 행복하게 하는 공단. 세계로 뻗어 가는 공단. 미래를 책임지는 공단. 일단 이 세 가지 가치를 이마에 붙이고 운전대를 잡았습니다. 크게 한눈팔지 않으면 카피가 철로를 이탈하는 일은 없을 것입니다. 그런데 출발 직전, 이번 슬로건이 감당해야 할 또 한 가지 중요한 역할이 있다는 생각이 들었습니다. 브리프엔 적히지 않은 역할. 무엇일까요.

관성에서 벗어나기.

대부분의 공공기관은 슬로건에서도 경직과 엄숙을 벗지 못합니다. 늘 그래왔으니까. 다들 그렇게 하니까. 이런 관성 때문일 것입니다. 바뀌어야 합니다. 국민 귀에 들리든 말든 나는 내 이야기만 하면 돼. 이런 관성에서 벗어나야 경직과 엄숙을 물리칠 수 있습니다. 그래야 슬로건이 눈에 보이고 귀에 들리고 손에 잡힙니다. 가치 셋과 역할 하나를 이마에 붙이고 열차 시동을 걸었습니다.

#2   먼저, 국민이라는 가치.

중요합니다. 공단이 존재하는 이유가 국민이니까요. 그런데 이 국민이라는 단어는 너무 큽니다. 너무 무겁습니다. 너무 차갑습니다. 이 단어를 그대로 가져가서는 경직과 엄숙에서 벗어나기 어려울 것입니다. 왜냐하면 국민, 국민 아무리 크게 외쳐도 국민 한 사람 한 사람은 그게 나에게 하는 말로 들리지 않기 때문입니다. 국민이라는 첫 번째 가치를 조금 더 부드럽고 가볍고 따뜻한 단어로 바꿨습니다.

사람.

국민이 아니라 사람입니다. 우리가 바라봐야 할 건 5천만 국민이 아니라 국민 한 사람 한 사람입니다. 그렇다면 한 사람 한 사람에게 무슨 이야기를 해야 할까요.

철도공단은 당신의 행복을 위해 달립니다.

그렇습니다. 철도세계화보다, 국가경쟁력보다 중요한 건 국민 한 사람 한 사람의 행복입니다. 사람의 행복보다 우선하는 건 없습니다. 이 가치를 실현하기 위해 공단이 움직이는 것입니다. 그런데 이 가치가 낯선가요? 익숙하지 않나요?

사람이 먼저다

맞습니다. 어디 멀리서 가져온 가치가 아니라 대통령의 신념이자 대한민국 국정철학입니다. 사람을 맨 앞에, 맨 위에 둔다는 뜻입니다. 그러니까 공단이 이 가치를 슬로건에 담는 건 국정철학과 궤를 같이한다는 뜻입니다.

사람이 먼저라는 의미를 담은 슬로건. 철도공단만이 쓸 수 있는 슬로건. 경직과 엄숙을 벗은 슬로건. 그런 슬로건이 있을까요.

사람이 있다
철도가 있다

순서가 중요합니다. 사람이 먼저 있고 그 다음에 철도가 있습니다. 철도가 존재하는 이유가, 공단이 철도에 관한 한 작은 오차도 허락하지 않는 이유가 사람이라는 뜻입니다. 그 어떤 황홀한 철도도 그것이 사람에게 상처를 준다면 쳐다보지 않겠다는 선언입니다. 단순히 공단의 목표를 주장하는 슬로건이 아니라 철학을 내놓는 깊이 있는 슬로건입니다.

카피가 경직되어 보입니까. 아닙니다. 부드럽습니다. 기존 공공기관 슬로건을 떠올려보십시오. 주거복지를 선도하는 어쩌고. 선진교통을 추구하는 저쩌고. 이런 슬로건과 비교하면 우리 슬로건이 어느새 경직과 엄숙에서 저만큼 벗어나 있음을 알 수 있습니다. 그리고 쉽습니다. 여운이 있어 가만히 고개를 끄덕이게 하는 힘도 있습니다. 리듬이 좋아 쉽게 입에 붙습니다. 무엇보다 이제까지의 관성에서 벗어났다는 점, 국정철학과 나란히 간다는 점이 이 슬로건의 가장 큰 매력일 것입니다.

더 욕심을 내볼까요. 이 슬로건이 세상에 나가 사람들 귀에 들리기 시작하면 어떤 일이 일어날까요. 아주 멋진 파장이 일어날 수도 있다고 했습니다. 슬로건의 패러디가 우리 사회 곳곳에서 들리는 행복한 파장.

사람이 있다. 택배가 있다.

사람이 있다. 축구가 있다.

사람이 있다. 공부가 있다.

그 어떤 가치보다 사람이 먼저라는 철학. 우리 슬로건이 이 따뜻한 철학을 온 세상에 전염시키는 주범이 되는 행복한 상상을 해 봤습니다.

#3 다음은, 세계라는 가치.

철도공단은 이제 새 이름(한국철도시설공단에서 국가철도공단으로)을 갖습니다. 새로운 이름과 함께 새로운 각오로 세계로 쭉쭉 뻗어 가야 합니다. 자신감 가져도 됩니다. 대한민국 철도는 이미 핵심 분야 국산화에 눈부신 성과를 거두었고, 세계로 향하는 길도 열어 놓았습니다. 그 길로 달려가면 됩니다. 철도가 국가경쟁력이라고, 미래 먹거리라고 자신 있게 말하면 됩니다. 그렇다고 이런 슬로건을 내밀어서는 곤란하겠지요.

대한민국 국가경쟁력

이건 콘셉트이지 카피는 아니니까요. 이런 게 바로 경직과 엄숙이니까요. 이 콘셉트를 카피로 발전시켜야 합니다. 이를 위해 콘셉트를 더 깊이 들여다봤습니다. 왜 철도를 국가경쟁력이라 하는지.

> 철도 기술이 우수해야 세계에 손을 내밀지 않는다.
> 철도 품질이 우월해야 국세 낭비가 줄어든다.
> 철도 관리가 완벽해야 국민의 삶의 질이 높아진다.
> 철도 수출이 늘어나야 국민소득이 올라간다.
> 철도 노선을 확장해야 평화를 지키고 누릴 수 있다.

그렇습니다. 철도가 이 모든 것을 좌우한다는 이야기입니다. 국민에게 희망을 주는 것도 철도, 세계를 호령하게 하는 것도 철도라는 이야기입니다. 대한민국의 미래가 철도에 달려 있다는 이야기입니다. 이 이야기를 한 줄로 압축하면 그것이 바로 슬로건일 것입니다.

철도가 척도다

철도가 국가경쟁력을 가늠하는 척도라는 뜻입니다. 그러니까 '철도가'와 '척도다' 사이에 '국가경쟁력을 가늠하는'이라는 말이 생략된 카피입니다. 생략되었지만 충분히 읽힙니다. 어떻습니까. 자신감이 느껴지지 않습니까.

철도. 척도. 이 두 단어의 유사성에서 착안한 슬로건입니다. 어떻게 보면 말장난이라고도 할 수 있습니다. 하지만 이런 카피가 들립니다. 말장난 속에 우리가 하고자 하는 메시지를 잘 눌러 담았으니까요.

#4		마지막으로, 미래라는 가치.

앞서 국민이라는 단어를 사람으로 바꿔 슬로건을 만들었습니다. 미래라는 단어 역시 국민처럼 너무 큽니다. 너무 멉니다. 너무 무겁습니다. 이 단어도 조금 더 가까워 보이는 단어로 바꿔야겠습니다.

내일.

미래보다는 내일이 조금 더 쉽게 손에 잡힐 것 같지 않습니까. 자, 다음 두 가지 메시지를 비교해주십시오.

철도공단이 대한민국의 미래를 책임진다.
철도공단 덕에 나의 내일이 행복해진다.

결과는 같지만 느낌은 다릅니다. 전자는 생산자 목소리입니다. 책임은 무슨. 나도 나를 책임지지 못하는데 철도공단이 어떻게 나를 책임을 지겠어. 또는, 대한민국의 미래가 나랑 무슨 상관이람. 이런 반응이 있을 수도 있습니다.

후자는 소비자 목소리입니다. 철도공단 이야기도, 대한민국 이야기도 아닌 내 이야기입니다. 우리가 가야할 길은 두 번째 길입니다. 희망을 주는 길입니다. 기대를 주는 길입니다. 길은 거의 정해져 있고 이제 카피라이터가 할 일만 남았습니다.

아까 잠깐 말장난 이야기를 했습니다. 말장난은 좋은 카피 테크닉입니다. 잘만 하면 의미와 재미 두 마리 토끼를 다 잡을 수 있습니다. 그런데 왜 또 같은 이야기를 꺼내느냐고요? 본격적으로 말장난을 해 보고 싶어서.

철도공단 숙제를 받아들고 내가 가장 먼저 한 생각은 무엇이었을까요. 철도가 미래라는 이야기를 들었을 때 내 머릿속에 가장 먼저 그려진 도표는 무엇이었을까요.

철도 → 레일 → 내일

철도가 영어로 레일이라는, 레일은 내일과 많이 닮은 단어라는 생각이 위와 같은 도표를 그려냈습니다. 바로 이 도표에 슬로건의 힌트가 있을 거라 생각했습니다. 힌트를 붙잡고 매달렸더니 어렵지 않게 카피가 떠올랐습니다.

레일이 내일입니다

철도가 대한민국의 내일이라는 뜻입니다. 당신의 내일이라는 뜻입니다. 레일과 내일의 유사성에서 착안한 이 말장난 카피를 마지막 슬로건으로 내미는 순간, 내가 운전대를 잡은 열차는 서서히 종착역으로 들어섰습니다.

#5   여기에서 카피 쓸 때 꽤 어려운 결정 하나를 고백합니다. 반말을 할 것인가, 존댓말을 할 것인가. 이것 참 어렵습니다. 이럴 땐 이렇게, 라고 딱 잘라 말하기 어렵습니다. 철저하게 카피라이터의 감이 일을 해줘야 한다고 생각합니다. 앞서 제시한 두 가지 카피를 다시 봅시다.

철도가 척도다
레일이 내일입니다

하나는 반말입니다. 하나는 존댓말입니다. 왜 이렇게 썼을까요. 정답은 딱히 없습니다. 감에게 물었습니다. 내 감은 이건 반말이 낫고 저건 존댓말이 낫다고 했습니다. 나는 감의 명령을 따랐습니다.

자신감이 필요한 카피인지 겸손이 필요한 카피인지 생각해야 합니다. 리듬도 생각해야 하고 글자 수도 생각해야 합니다. 내가 녹음실 마이크 앞에 선 성우라 생각하고, 반말과 존댓말을 번갈아 읽으며 미세한 느낌의 차이도 발견해야 합니다. 하지만 이 모든 것보다 우선은 카피라이터의 감입니다. 과학을 잠시 물리고 영감에게 일을 맡기는 것입니다. 이렇게 말은 하고 있지만 말에 힘은 없습니다. 그만큼 어려운 선택입니다.

#6 모두 세 가지 슬로건을 제안했습니다. 그런데 잘 살펴보면 세 가지 카피 모두에 공통점 하나가 있다는 걸 발견하게 됩니다. 발견하셨나요? 발견하셨군요. 모든 슬로건에 철도라는 단어가 들어 있다는 것. 이게 무슨 의미일까요. 관광공사는 쓸 수 없는, 토지개발공사도 쓸 수 없는, 수출입은행도 쓸 수 없는, 오직 철도공단만이 쓸 수 있는 슬로건이라는 뜻입니다.

철도공단은 첫 번째 제안을 받아들였습니다. A, B, C안을 던졌을 경우, 가장 많은 선택을 받는 건 늘 A안입니다. 왜 그럴까요. 내가 가장 추천하고 싶은 또는 가장 자신 있는 카피를 본능적으로 맨 앞에 두기 때문입니다. 나만 그럴까요.

당신이 광고주라면, 누군가가 A, B, C안을 당신 앞에 펼쳐 보인다면, 세 가지 안 모두 고만고만해 하나를 선택하기 어렵다면, 어쨌든 잘 모르겠다면, 눈 딱 감고 A안을 선택하십시오. 그게 정답일 확률이 가장 큽니다.

#7 책 제목.

두 번째 숙제 책입니다. 철도공단이 국민에게 내미는 책. 우리나라 철도역 100개를 소개하는 책. 이 책 제목까지 찾아내야 좌우 양쪽 숙제를 마칩니다(조금 전 종착역에 들어섰다고 했는데 아니었습니다. 서대전역이었습니다. 우동 하나 얼른 먹고 다시 운전대를 잡습니다). 먼저 나에게 질문을 던졌습니다. 이 책이 내게 줄 수 있는 건 무엇일까.

철도역 탐방은 흔한 여행이 아니다. 맛집 찾아 한 끼 뚝딱 해치우고 돌아오는 여행도 아니고, 바닷물에 슬쩍 몸 적시고 돌아오는 여행도 아니다. 잔뜩 들떠서 갔다가 북적대는 사람만 실컷 구경하고 돌아오는 관광지 여행과는 다르다. 철도역 탐방은 대한민국의 과거와 현재와 미래를 두루 만나는 여행이다. 일반 여행과는 깊이도 다르고, 또 전국 곳곳이 선으로 이어져 있으니 넓이도 다르다. 이 책은 그 넓이와 깊이를 모두 모아 소개하는 책이다. 그러니 내게 이런 걸 준다.

다른 경험, 다른 추억, 다른 감동

그런데 다른 경험, 다른 추억, 다른 감동이 무려 100개. 100개 역마다 스토리가 두툼하게 준비되어 있다. 가도 가도 스토리는 끝없이 이어진다. 점으로 툭툭 끊기는 스토리가 아니라 선으로 길게 이어지는 스토리. 그러니 철도역 탐방은 또 내게 이런 걸 준다고 할 수 있다.

무한 경험, 무한 추억, 무한 감동

그렇습니다. 무한입니다. 무한 스토리를 모아놓은 이 책은 한 번 쓱 보고 던져버리는 책이 아닙니다. 내 가장 가까운 곳에 두고 한 곳 찾을 때마다 선 하나씩 지워가는 책입니다. 평생을 지워도 쉽게 다 지우지 못할 보물창고 같은 책입니다.

무한이라는 단어에 주목했습니다. 무려 100개이니까 무한. 경험도 추억도 감동도 끝없이 이어지니까 무한. 무한은 이 책을 제대로 압축하여 설명하는 단어임에 분명해 보였습니다. 그렇다고 이 단어를 꼭 제목에 욱여넣을 필요는 없습니다. 무한은 핵심을 전달하는 말이긴 하나 누구나 쓸 수 있는 일반 명사입니다. 철도만의 단어는 아닙니다. 그렇다면 찾아야지요. 무한의 개념을 지닌 철도만의 용어. 과연 그런 게 있을까요. 나는 종점이라는 단어를 찾아냈습니다.

종점은 없다

먼저 제안한 제목입니다. 종점은 철도 용어입니다. 제목만 봐도 철도공단이 만든 책이라는 느낌이 옵니다. 물론 종점은 무한의 반대말일 수 있습니다. 종점이 없는 상태가 무한이니까요. 그래서 '없다'라는 단어를 붙인 것입니다.

이 책 한 권만 있으면 경험의 종점은 없습니다. 추억의 종점도 없습니다. 감동의 종점도 없습니다. 이 책이 무한 즐거움을 준다는 메시지를 가장 철도답게 표현한 제목이 바로 이 한 줄일 것입니다.

이 제목은 의미를 얼마든지 확장할 수 있습니다. 우리나라 철도가 이런 섬세한 책을 낼 만큼 전진했다는 의미. 지금은 100개 역을 소개하지만 다음 책엔 200개 300개를 소개할 거라는 의미. 또 대한민국 철도의 미래를 위해, 아니 대한민국의 미래를 위해 철도공단이 종점 없는 기차처럼 무한 질주하고 있다는 의미일 수도 있습니다. 미래로 씩씩하게 달리는 제목입니다.

한국에서 가봐야 할 철도역

내가 받은 가제목이었습니다. 죄송하지만 이건 제목 아래에 위치하는 부제로 쓰라고 했습니다. 약간의 손질은 필요해 보인다고 했습니다. 두 가지 질문입니다. 외국에 수출할 책도 아닌데 굳이 '한국에서'라는 말이 들어가야 할까. 딱 100개로 철도역 수를 맞췄는데 이 숫자를 버려야 할까. 이 두 가지를 손질하면 부제는 이런 카피가 될 거라 했습니다.

죽기 전에 가봐야 할 철도역 100

#8   조금 다른 접근.

이제까지 역은 이런 곳이었습니다. 기차 타기 위해 찾는 곳. 어디론가 떠나기 위해, 또 돌아오기 위해 어쩔 수 없이 들르는 곳. 나 역시 이제껏 역을 무심히 바라봤고 역도 나를 그렇게 바라봤습니다. 아무 느낌 없이 스쳐지나가는 무표정한 곳이 역이었습니다. 그 어떤 화려한 역도 내 인생을 간섭하지 못했습니다.

그러나 이 책을 들여다보면, 이 책이 가리키는 곳으로 나를 데려가면 역의 의미가 달라집니다. 스쳐지나가는 곳이 아니라 머무는 곳. 기차 기다리는 시간이 지루한 곳이 아니라 오히려 흥미로운 곳. 즉, 목적지를 향하기 위해 들르는 곳이 아니라 역 자체가 목적지로 바뀝니다. 무표정하던 역이 표정을 갖기 시작합니다.

또 역마다 준비된 스토리는 생각이라는 것을 하게 합니다. 이런 역사가 있었네. 이런 의미가 담겨 있었어. 이 재미있는 이야기를 이제 알다니. 이렇게 생각이 꿈틀거립니다. 꿈틀거리는 생각은 결국 내 인생을 돌아보는 기회를 줍니다.

그동안 내 발걸음은 지나치게 빠르지 않았는지.
아들 손잡고 어딘가를 찾은 게 언제였는지.
내 인생이 하나의 역이라면 어떤 스토리를 담게 될지.

이렇게 생각을 이어가다보면 기차역이 내 인생을 간섭하고 있다는 걸 느끼게 됩니다. 역이 내 선생님이 되기도 하고 친구가 되기도 합니다. 가족이 되기도 합니다. 역에서 이런 느낌을 받는다는 건 신기한 일입니다. 만약 그런 귀한 역이 있다면 그것을 그냥 역이라 부르기 싫을 것입니다. 어떤 말로 불러야 할까요.

인생역.

그렇습니다. 그건 인생역입니다. 인생 살다보면 누구나 어떤 전환점이 되는 경험이나 순간을 맞습니다. 그때 우리는 그것이 더없이 귀한 시간이라는 걸 표현하기 위해 이런 말을 씁니다.

인생영화.

인생강의.

인생경기.

인생역도 같은 의미입니다. 내 인생에 귀한 경험을 주는 역이라면 감히 인생역이라 부를 수 있지 않을까요. 자, 인생역이라는 말을 들으면 사람들은 어떤 생각을 할까요. 인생역? 나는 그런 거 없는데. 다들 하나씩은 있는 거야? 그렇다면 내 인생역은 어디일까? 이 책을 꼼꼼히 들여다보면 찾을 수 있을까? 그러면서 책에 조금이라도 더 관심을 갖게 될 것입니다. 인생역을 키워드로 하는 한 줄을 두 번째 제목으로 제안했습니다.

인생역에 내렸다

여운이 있는 제목입니다. 내려서 어떻게 되었을까. 호기심도 주는 제목입니다. 앞서 제안한 제목엔 단호함이 있다면 이 제목엔 느슨함이 있습니다. 느슨함이 기차여행과 잘 어울립니다. 또 '내렸다'라는 말이 그냥 스쳐지나가는 곳이 아니라 머무는 곳이라는 느낌을 충분히 줍니다. 두 번째 제목은 조금 더 열어 놓고 생각해도 좋다고 했습니다. 인생역이라는 키워드만 사용한다면 표현은 얼마든지 확장할 수 있다고 했습니다.

인생역 100
당신의 인생역은 어디입니까
다음 내리실 역은 인생역입니다

어떤 걸 선택해도 좋다고 했습니다. 부제는 앞서 제시한 카피 그대로 가도 좋고, 또 이렇게 약간 변화를 줄 수도 있다고 했습니다.

아들 손잡고 찾는 철도역 100

#9   마지막으로 하나 더.

왜 우리는 여행을 할까요. 일상에서 벗어나기 위함일 것입니다. 일상에서 벗어나 활력을 충전하기 위함일 것입니다. 그런데 아무 곳이나 생각 없이 찾는다면 충전 효과는 제한적이겠지요. 그래서 우리는 여행지 고르는 일에 꽤 많은 시간과 노력을 투자합니다. 우리가 여행지 고르는 기준을 생각해봅시다.

볼거리 많은 곳.

살거리 많은 곳.

아내가 가자고 하는 곳.

사람들이 찾지 않는 조용한 곳.

지인이 있어 술 얻어먹을 수 있는 곳.

기준들을 파고 들어가면 결국 어떤 공통점이 있을 텐데, 그게 무엇일까요. 한동안 일상이 잊힐 만큼 재미도 있어야 한다. 또 여행하면서 배우는 무언가도 있어야 한다. 이 두 가지를 요약하면 바로 이 두 단어.

재미.

의미.

맞습니다. 여행은 재미있어야 합니다. 의미도 있어야 합니다. 재미만 있고 의미 없는 여행은 허무하고, 의미만 있고 재미없는 여행은 지루합니다.

그러나 이 두 가지를 다 갖춘 여행지 찾는 건 그리 쉽지 않습니다. 여행 하면 제주도, 해운대, 설악산부터 생각한다면 더욱 그렇습니다. 철도는 나를 여행지에 데려다주는 일만 한다는 생각을 뒤집어야 철도역 자체가 여행지라는 새로운 생각이 보입니다. 끝없는 스토리를 안겨주는 철도역 탐방이야말로 재미와 의미를 모두 만날 수 있는 귀한 여행지라는 사실이 보입니다. 그리고 이 책의 또 다른 제목도 보입니다.

재미있는 역
의미있는 역

철도역만이 할 수 있는 이야기입니다. 리듬이 좋습니다. 두 가지 모두를 준다는 약속이니 편익도 확실합니다. 다만 리듬을 살리기 위해 맞춤법은 살짝 어겼습니다. 무엇을 어겼느냐고요? 요 아래에서 말씀드리겠습니다.

#10 내 고민 하나를 털어놓습니다. 나는 늘 띄어쓰기를 고민합니다. 물론 카피 아닌 다른 글에선 모범운전사처럼 차선도 신호도 잘 지킵니다. 가끔 딱지를 떼기는 하지만 큰 사고는 안 칩니다.

그런데 카피 쓸 때는 내 운전이 문제가 됩니다. 특히 짧은 카피, 즉 슬로건이나 헤드라인 쓸 때 더욱 그렇습니다. 카피에 딴딴한 느낌, 꽉 조인 느낌을 주고 싶은데 띄어쓰기가 이를 방해합니다. 띄어 쓴 그 틈만큼 카피가 느슨해 보이고 헐렁해 보입니다. 압축이 덜 된 느낌이랄까요. 나는 그걸 못 견딥니다. 그래서 때론 띄어쓰기를 포기합니다. 마지막 책 제목이 그렇습니다.

재미있는 역

의미 있는 역

실은 이렇게 써야 합니다. '의미'와 '있는'을 띄어 써야 합니다. 그런데 괜찮습니까. 견딜 만합니까. 이빨 하나 툭 빠진 것 같지 않습니까. 나는 견디지 못했습니다. 눈 딱 감고 두 녀석을 붙여버렸습니다. 국어시험 아니니까 이 정도는 어겨도 된다고 우기면서. 만약 띄어쓰기 틀렸다고 지적하는 사람이 있다면 훌륭한 지적 고맙다고 꾸벅 인사는 해야겠지요.

내가 너무 예민한 걸까요? 내게 나도 모르는 어떤 정신적 질환이 있어 헐렁함을 못 견디는 걸까요? 근데 왜 이걸 당신에게 묻죠? 의사에게 물어봐야겠습니다.

 밑줄 긋기

- 경직과 엄숙에서 벗어나기
- 콘셉트는 카피가 아니다
- A, B, C안 중 A안이 정답일 확률이 가장 크다
- 광고로 소비자 인생을 간섭한다
- 꽉 조인 느낌을 위해서라면 띄어쓰기는 살짝 어겨도

11. 100년이 묻습니다
— 광고주 없는 캠페인

김어준 올해는 3.1운동 100년이 되는 해입니다. 그런데 캠페인 하나가 어제 자정부터 시작되었어요. 이 캠페인을 주도하는 카피라이터 정철 선생님을 모셨습니다. 보통 우리가 딱히 직업이 없는 분을 선생님이라 부르지요.

나 반갑습니다, 김어준 선생님.

김어준 이게 어떤 캠페인입니까.

나 올 봄이 3.1운동 100주년이라 크고 작은 행사가 여기저기서 열리겠지요. 그런데 아무것도 아닌 시민들이 할 수 있는 건 뭐 없을까. 아무것도 아닌 시민들이 내는 아무것도 아닌 목소리가 아무것이 될 수도 있지 않을까. 이런 생각으로 시작한 캠페인입니다.

김어준 아무것도 아닌 캠페인이네요.

나 하하, 질문을 하는 캠페인입니다. 100년 동안 묵혀왔던 질문.

김어준 어떤 질문입니까.

나 우리가 지난 100년 동안 사용하며 왠지 불편했던 용어, 이대로 가서는 안 될 것 같은 안타까운 현상, 이런 것들에 대해 질문을 던지는 것입니다.

김어준 주체가 누굽니까. 선생님 혼자에요?

나 아뇨, 우리는 우리 자신을 '질문하는 국민'이라 규정했는데요, 처음엔 광고장이 몇 명, 그러니까 카피라이터, 아트디렉터, 기획, 피디 등이 모였다가 뜻에 합류하는 사람이 늘어나면서.

김어준 아, 그러니까 업계 아는 분들이 모여 100년인데 가만있으면 안 되는 거 아냐.

나 그렇지요. 술 마시다 의기투합해 사소하게 약소하게 무책임하게 시작된 건데, 그 후로 종교인도 오시고 방송인도 오시고.

김어준 일이 점점 커진 거네요.

나 조금 두터워졌죠.

김어준 모두 몇 명이나?

나 지금 열댓 명 정도.

김어준 아직 100명까지는 안 되는군요. 그니까 광고판에 있는 분들이, 우리가 가진 기술이라면 기술, 재능이라면 재능 가지고 100주년에 뭔가 하자, 이렇게 시작했는데 그게 질문을 하는 걸로 모아졌다. 그 첫 번째

가 이겁니까. 위안부가 아니다.

나 위안부가 아니라 일본군성노예.

김어준 위안부라고 하면, 일본은 그렇게 주장합니다만, 돈 벌려고 온 거다, 자기들이 그 직업을 선택한 거다, 우리는 모집을 한 거다.

나 일본에서 쓰는 종군위안부라는 말, 자발적임을 암시하는 거죠. 저희가 나눔의 집에 가서 할머니들을 인터뷰했는데 이렇게 말씀하셨어요. 우리 누구도 위안부라는 말에 동의한 적 없다, 우리는 노예로 살았다.

김어준 자발적으로 한 게 아니라는 얘기네요. 결국 위안부라는 이름이 진실을 덮는 이름이라는 거네요.

나 유엔인권소위원회에서도 일본군성노예, 이게 문제의 본질을 가장 잘 드러내는 국제용어라 말하고 있습니다. 물론 불편합니다. 불편하지만 이렇게 불러야 진실과 마주할 수 있다는 겁니다.

김어준 오늘이 김복동 할머니 발인인데 이 날에 맞춰 캠페인을 시작하는 건가요?

나 아뇨, 그렇게 됐네요. 저희가 2월 한 달 동안 이 캠페인을 진행하는데요, 매주 금요일 0시에 하나씩 오픈합니다. 첫 번째가 위안부라는 용어에 대한 문제 제기. 2탄은 상해임시정부. 3탄은 3.1운동. 4탄은 태극기. 이렇게 총 네 가지 질문이 이어질 겁니다.

김어준   태극기라는 말만 들었는데 벌써 느낌이 오네요. 태극기에 대한 느낌이 많이 달라졌잖아요. 근데 겨우 네 번 하는 건가요? 이왕 전문가들이 모였으니 좀 더 많이 하시지.

나   하하, 저희도 생업이 있으니까요.

김어준   그럼 어디서 이것을 볼 수 있나요?

나   다음카카오에 스토리펀딩이라는 게 있더라고요. 그곳을 메인플랫폼으로 하고 거기에 매주 하나씩 공개합니다.

김어준   동영상 포맷으로 올라갑니까.

나   동영상도 올라가고, 텍스트도 올라가고, 우리가 만든 〈100년이 묻습니다〉 주제곡도 올라가고, 참여하는 분들에게 제공할 굿즈 같은 것도 올라갑니다. 마구 올립니다.

김어준   전문가들이 모였으니 대충 만들지는 않았겠지요.

나   광고장이답게 해 보자, 캠페인답게 제대로 해 보자는 게 저희 생각이었는데 반응은 어떨지 모르겠네요.

김어준   누구 후원은 있나요?

나   하하. 저희가 저희를 후원합니다, 보다 많은 국민이 우리 질문에 동의해주셨으면 하는 게 저희의 유일한 바람입니다.

김어준   정철카피의 정철 대표입니다. 제가 백수라고 해서

죄송하고요, 광고장이들이 만든 100년 동안 하지 못했던 질문. 100년이 묻습니다. 기대합니다. 오늘 나와주셔서 고맙습니다. 저는 설 지나고 다시 뵙겠습니다. 안녕~.

나   고맙습니다.

#1   지금까지 김어준의 뉴스공장 인터뷰를 생중계했습니다. 그런데 그땐 정말 몰랐습니다. 라디오 인터뷰가 유튜브를 통해 영상으로도 나간다는 것을. 호주머니에 손 넣고 방송한 것도, 준비해 간 원고 커닝하며 대답한 것도 다 들켰습니다.

중계를 들으셨으니 캠페인 취지나 제작과정 같은 건 길게 설명하지 않아도 될 듯합니다. 네 가지 질문을, 네 가지 동영상 카피를 그대로 옮깁니다.

#2   위안부 편.

우리는 여러 곳에서 소녀상을 봅니다. 그런데 어디를 가나 소녀는 다소곳이 의자에 앉아 있습니다. 말없이 정면을 응시하고 있습니다. 소녀 마음에 귀를 갖다 댔습니다. 입은 다물었지만 마음은 시끄러웠습니다. 자신을 짓밟은 일본군을 향한 거친 욕을 소녀는 꾹 참고 있었습니다.

참지 말라고 했습니다. 시원하게 쏟아부으라고 했습니다. 우리는 성난 소녀상을 만들기로 했습니다. 분노하는, 고함치는, 절규하는 소녀상 넷을 만들었습니다. 그녀들을 소녀 곁에 세웠습니다.

여기, 한 소녀가 있습니다.

일본군에 의해 찢긴 몸. 파괴된 청춘. 실종된 미소. 소녀 일생에 꼬리표처럼 따라다니는 이름. 종군위안부. 위안이라니요. 위로라니요. 안심이라니요. 소녀는 일본군에게 성을 착취당하며 노예로 살았습니다.

일본군성노예.

아픈 이름입니다. 그러나 불러야 할 이름입니다. 아프다는 이유로 고개 돌려서는 안 되는 이름입니다. 이 이름만이 일본군 만행을 역사에 고발할 수 있기 때문입니다. 고통을 침묵으로 삼키고 앉은 저 소녀 곁에 분노하는, 고함치는, 절규하는 소녀들도 있어야 하지 않을까요.

야, 이 개새끼들아! 내 청춘을 짓밟은 나쁜 새끼들아!
지옥 끝까지 따라가서라도 저주할 악마 새끼들아!

그녀의 분노와 고함과 절규를 토씨 하나 놓치지 않고 들어줘야 하지 않을까요. 이제 소녀상 곁에 성난 소녀들이 함께합니다. 당신과 나, 우리 모두가 함께합니다. 소녀는 외롭지 않을 것입니다.

100년이 묻습니다.

#3   임시정부 편.

상해로 갔습니다. 임시정부를 만나러 온 사람들을 만났습니다. 그들은 하나같이 임시라는 말의 불편함을 호소했습니다. 100년이 지났는데 아직도 임시라는 말이 붙어 있는 걸 이해할 수 없다고 했습니다.

100년 전 봄. 진달래보다 붉은 피가 삼천리금수강산에 피었습니다. 피는 이렇게 외쳤습니다. 대한독립만세! 조선이 독립국임과 조선인이 자주민임을 선언한다. 바로 독립선언입니다.

독립과 죽음을 바꾸려 했던 사람들. 우리는 그들을 우리 할아버지, 우리 할머니라 부릅니다. 허나 피는 열매를 맺지 못했습니다. 우리 땅은 여전히 일본 발밑에 있었습니다. 그래서 짐을 쌌습니다. 상해로 갔습니다. 그렇게 탄생한 것이 대한민국 임시정부.

임시. 사전을 찾아봅니다.
일시적인, 잠시 동안.

그랬습니다. 그땐 일시적으로 그곳에 머무를 줄 알았습니다. 그 임시가 26년이나 될 줄 몰랐습니다. 마침내 1945년. 우리가 광복

절이라 부르는 그날을 맞습니다. 상해에 머물던 대한민국 정부는 흙 다시 만져보자며 내 땅으로 돌아옵니다. 그리고 또다시 긴 세월이 흘렀습니다. 그런데 상해 그곳엔 아직도 이런 간판이 붙어 있습니다.

대한민국 임시정부.

이상하지 않습니까. 불편하지 않습니까.
이젠 임시라는 말을 떼야 하지 않겠습니까.

대한민국 초대정부.

그렇습니다. 임시정부가 아니라 초대정부입니다.
대한민국 초대정부가 그곳 상해에서 시작된 것입니다.

올해는, 대한민국 초대정부 100주년입니다.

100년이 묻습니다.

#4   3.1운동 편.

말이란 무엇일까요. 사물이나 동작, 표정, 현상을 몇 글자로 짧게 압축하여 규정한 것이 말입니다. 아빠도 말이고 아들도 말입니다. 그런데 나보다 나이가 많은 모든 남자를 아빠라 부른다면 그건 말이 아니지요. 나보다 나이가 적은 모든 사내를 아들이라 부른다면 그것도 말이 아니지요.

　실체보다 의미를 부풀린 말, 실체보다 의미를 축소한 말은 말이 해야 할 일을 제대로 하지 못합니다. 말은 실체를 이해하는 데 도움을 주기도 하지만, 때론 실체를 오해하게 만들기도 합니다. 우리는 이 지점에 주목했습니다. 지난 100년 우리는 3월 1일 그날의 그 큰 의미를 다 헤아리지 못하고 살아왔는지도 모릅니다.

　　100년이 물었습니다.
　　소녀 이름이 일본군위안부 맞습니까.
　　아니요, 일본군성노예입니다.

　　100년이 또 물었습니다.
　　상해에 있었던 우리 정부가 임시정부 맞습니까.
　　아니요, 대한민국 초대정부입니다.

　　100년이 하나 더 묻습니다.
　　100년 전 3월 1일. 그날의 피와 함성과 절규가 운동 맞습니까.

　　200년 전, 왕과 귀족의 독재를 무너뜨린 프랑스 역사를 우리는 프랑스혁명이라 부릅니다. 프랑스운동이라 부르지 않습니다. 몇 해 전 겨울, 대한민국 국민이 보여준 자랑스러운 행진을 우리는 촛불혁명이라 부릅니다. 촛불운동이라 부르지 않습니다.

　　자, 3.1운동 맞습니까.
　　아니요, 3.1혁명입니다.

모두가 이렇게 대답해주십시오.
모두가 이렇게 합창해주십시오.

3.1혁명입니다.

100년이 묻습니다.

#5   태극기 편.

진보와 보수의 대립. 뭐 좋습니다. 지나친 편 가르기다, 욕을 먹지만 때론 이런 대립이 에너지가 되기도 합니다. 일당독재보다 나을 수 있습니다. 그런데 이 대립에 태극기가 등장하는 건 찬성할 수 없습니다. 태극기 부대라니요. 그럼 누구는 일장기 부대입니까. 성조기 부대입니까. 제발 태극기만은 흔들지 말고 그냥 두라 호소하고 싶었습니다.

유관순이 묻습니다. 태극기는 안녕하십니까.
김구가 묻습니다. 태극기는 안녕하십니까.
안중근이 묻습니다. 태극기는 안녕하십니까.

100년 전 태극기는 모두의 태극기였습니다. 목숨 내놓고 흔들고 보듬고 지켰던 모두의 태극기였습니다. 그런데 지금, 태극기는 안녕하십니까.

우리의 태극기.
너희의 태극기.
그들의 태극기.

태극기가 나뉘어져 슬퍼하고 있지는 않습니까. 태극기가 찢겨져 아파하고 있지는 않습니까. 이념 따위가 태극기를 위협할 수 없습니다. 정치 따위가 태극기를 훔쳐갈 수 없습니다.

모두의 태극기.

다시 모두의 태극기가 되어야 합니다. 태극기로 다시 시작합시다. 태극기로 다시 하나 됩시다. 3.1혁명 100년이 되는 그날 정오. 당신이 광주에 있든 부산에 있든 서울에 있든 모두의 태극기를 모두 함께 흔들며 우리, 다시, 하나라고 천명합시다. 우리 후손이 우리에게, 태극기는 안녕하십니까,라고 묻는 일이 다시는 없게 합시다.

태극기 만세!
모두의 태극기는 만세(萬歲)를 가야 합니다.

100년이 묻습니다.

#6　　　　카피라이터는 15초에 익숙합니다. 길어도 30초 안에 할 말을 다해야 합니다. 그래서 늘 걷어 내는 훈련, 압축하는 훈련을 합니다. 글의 양을 생각하지 않고 강물 흐르듯 길게 길게 글을 쓰는 다른 글쟁이를 부러워하기도 합니다.
　이번 캠페인은 제약이 없었습니다. 시간과의 싸움을 할

카피라이터는 15초에 익숙합니다.
길어도 30초 안에 할 말을 다해야 합니다.

필요가 없었습니다. 오랜만에 하고 싶은 말을 충분히 했습니다. 후련했습니다.

 밑줄 긋기

- 광고주가 기업이 아니라 역사일 수도 있다
- 모델이 정우성이 아니라 안중근일 수도 있다
- 말은 실체를 오해하게 만들기도 한다
- 카피라이터는 늘 걷어 내는 훈련, 압축하는 훈련
- 누구 후원 없어도 캠페인을 할 수 있다

12. 진짜 약은 약국 밖에 있다
— 짧은 문장 하나가 기업문화를 바꾼다

한 권의 책.

한 잔의 술.

한 술의 밥.

한 숨의 잠.

한 마디 말.

때론 이런 것들이 약보다 효과 좋은 약이 되기도 합니다. 우리는 책 한 권에 위로받고, 술 한잔에 피로를 풀고, 말 한 마디에 힘을 냅니다. 그렇습니다. 진짜 약은 약국 밖에 있는지도 모릅니다.

그래서일까요. 기업도 자신이 복용할 약을 기업 밖에서 찾기도 합니다. 구성원 모두가 내부에서 공유할 가치를 회사 밖 카피라이터에게 조제해달라고 의뢰하는 것입니다. 물론 구성원들이 어느 방향을 보고 달려야 할지는 기업 자신이 정합니다. 카피라이터는 그 길이 모두의 눈에 잘 보이도록 돌멩

이 치우고 나뭇가지 잘라 내는 일을 하는 거지요.

이를 기업문화라 합니다. 이 장에선 두 기업의 기업문화 카피 작업을 중계합니다. 두 기업 모두 우리가 잘 아는 SK 계열사입니다. 실명은 슬쩍 접고 SK1, SK2라는 이름을 붙입니다.

#1 　　　실력 = 성장 = 행복

먼저 SK1입니다. 주문은 간단했습니다. 실력=성장=행복. 이 공식이 말이 되게 해달라는 것이었습니다.

SK그룹이 내세우는 가장 소중한 가치는 행복이라 했습니다. 고객의 행복. 구성원의 행복. 그런데 행복은 개념이 너무 넓습니다. 사람마다 기준도 다르고 찾아가는 방법도 다릅니다. SK1은 행복을 두 단어로 좁혔습니다. 실력과 성장. 이 두 가지 가치로 행복으로 가는 두 갈래 길을 만들어달라고 했습니다.

사실 실력과 성장은 일과 밀접한 단어입니다. 그래서 그런지 행복과는 조금 거리가 있어 보입니다. 행복은 성적순이 아니듯 일하는 능력순도 아닐 테니까요. 그러나 직장인이 일에서 능력을 인정받지 못하면 행복해지기 어려운 것 또한 현실이기에 이 공식을 애써 받아들이기로 했습니다. 내 가치관과 살짝 부딪혔지만 약을 조제하는 일을 거부하지는 않았습니다. 이런 게 약사의 숙명이겠거니 했습니다.

#2 　　첫 번째 제안은 패러디였습니다. 우리가 잘 아는 어떤 것을 살짝 비틀어 보여주는 방법입니다. 익숙한 새로움. 재미있습니다. 기억하기 쉽습니다.

기사 쓰는 여섯 가지 원칙, 육하원칙을 패러디하자. 5W 1H라는 틀은 그대로 두고 단어만 비틀자. Who, When, Where, What, Why, How는 버리고 그 자리에 Wish, Wander, Welcome, Wait, World, Human을 세웠습니다.

그런데 W로 시작하는 단어는 어떻게 찾았을까요. 영감이 내 손에 쥐어졌을까요. 아닙니다. 노동이 쥐어줬습니다. 영한사전 펴고 W로 갔습니다. W로 시작하는 단어 처음부터 끝까지 무식하게 훑었습니다. 말이 될 만한 것 30-40개를 찾았고 결국 다섯 개로 좁혔습니다. 무식하게. 이게 답입니다.

● 행복 육하원칙

Wish, 희망하라

행복을 희망하라. 하루 이틀 행복이 아니라 아주 긴 행복을 희망하라. 희망하면 알게 된다. 30년짜리 긴 행복을 만나는 방법은 실력을 쌓는 것뿐이라는 것을. 실력으로 성장을 얻어 내는 방법뿐이라는 것을.

Wander, 방황하라

방향을 정하기 전에 방황하라. 방황 없는 방향은, 누군가 내게 공짜로 알려준 방향은 내 길이 아닐지도 모른다. 일의 포로가 되어 비틀거리기 싫다면 첫걸음 떼기 전에 충분히 비틀거려야 한다.

Welcome, 환영하라

파도를 환영하라. 위험과 모험을 기꺼이 환영하라. 물에 젖지 않으면 파도와 친해질 수 없다. 바다를 건널 수 없다. 일이라는 파도도 그렇다. 피하려고 하면 피할 수 있지만 건널 수는 없다.

Wait, 기다려라

여유는 도전 필수품. 여유 없는 도전은 조급해지기 쉽다. 조급함 때문에 일을 그르치기 쉽다. 여유 없는 도전을 하느니 차라리 도전 없는 여유를 택하라. 여유와 노닥거리며 도전 타이밍을 잡아라.

World, 넓어져라

세계와 만나라. 우물 안에서 마실 수 있는 건 고작 우물물 한 모금뿐이다. 와인도 마시고 위스키도 마시고 데킬라도 마시고 싶다면 시야를 세계로 넓혀라. 국내최초라는 말처럼 허약한 말은 없다.

Human, 사람이다

사람에 등을 돌려야 얻어지는 실력과 성장이라면 미련 없이 포기하라. 실력과 성장을 추구하는 이유는 행복이다. 내 행복이고, 내 가족의 행복이고, 내 동료와 함께 행복이다. 결국은 사람이다.

#3   두 번째 제안은 말장난이었습니다. 실력과 성장. 두 단어의 첫 글자를 한데 모으면 실성. 미쳤다는 뜻입니다. 어떤 성취를 얻어 내려면 미쳐야 합니다. 행복이라는 성취를 얻어 내려면 무엇에 미쳐야 할까요. 실력과 성장에 미쳐야 합니다. 그것을 '행복한 실성'이라 이름 붙였습니다.

행복수칙은 '하라' 톤으로 통일감을 줬습니다. 이 중엔 재미하라, 동료하라 같은 말이 안 되는 수칙도 등장합니다. 걱정 말라고 했습니다. 오히려 지루함을 덜어주는 흥미로운 표현으로 작용할 거라 했습니다. 모두 여덟 가지 행복수칙이 등장하는데 조금 많다 싶으면 두어 개 버려도 좋다고 했습니다.

● 행복한 실성

질문하라

언제 가장 행복할까. 나 자신이 자랑스러울 때 가장 행복하지 않을까. 실력보다. 성장보다 자랑스러운 일이 또 있을까. 정말 있을까. 5초 내에 대답할 수 없다면 닥치고 실력하라. 실력으로 성장하라.

재미하라

어떻게든 일에서 재미를 찾아내라. 손톱만한 재미라도 찾아내라. 찾으면 있다. 찾지 않으면 없다. 일에서 찾은 재미와 놀다보면 어느새 재미라는 단어가 실력으로 성장으로 바뀐다. 재미가 행복이다.

목표하라

목표는 실력과 성장이다. 실력을 쌓아 성장까지 가는 것이다. 결국 궁극 목표는 성장이다. 성공이 아니라 성장이다. 성공을 욕심내면 성장이 흔들리지만, 성장을 욕심내면 성공은 저절로 따라온다.

동료하라

성공만 추구하면 동료가 적으로 보인다. 그러나 성장을 추구하면 마음이 넓어진다. 그릇이 넉넉해진다. 동료가 동료로 보인다. 동료 손잡고 함께 올라가려는 내 따뜻한 모습에 내가 반한다.

착각하라

회사를 내 부모로 착각하라. 내 실력과 성장을 위해 물 쓰듯 돈을 쓰는 회사에 조금도 미안해하지 마라. 부모가 자식에게 돈을 쓰는 건 당연한 일이니까. 실력과 성장으로 천천히 빚을 갚으면 되니까.

은퇴하라

날마다 은퇴하라. 물론 집에 가라는 뜻은 아니다. 매일 어제의 일에서 은퇴하고 새로운 일에 입사하라는 뜻이다. 실력과 성장은 어제의 기술과 어제의 비즈니스를 은퇴시킨다. 어제의 나를 은퇴시킨다.

수다하라

집에 가면 말을 과소비하라. 가족 붙들고 내 자랑을 하라. 실력과 성장이 만들어준 아주 소소한 자랑까지 빠뜨리지 말고 발표하라. 가족이 행복해할 테니까. 가족이 행복해야 내가 행복하니까.

낭비하라

실력이, 성장이 연봉을 쑥쑥 올려줄 테니까. 그 돈으로 친구에게 양껏 술을 살 수 있으니까. 이런 따뜻한 낭비는 낭비가 아니라 낭만이니까. 낭만 하나 없는 경직된 행복은 진짜 행복이 아니니까.

#4   세 번째 제안은 '실력=성장=행복'이라는 공식에 단어 하나를 더 집어넣었습니다. '실력=성장=프로=행복'. 즉, 실력을 쌓아 성장하면 프로가 된다는 것. 프로가 되면 행복하기 싫어도 행복할 수밖에 없다는 것.

프로를 더욱 매력적인 단어로 만들기 위해 비슷하게 생긴 포로라는 단어를 데려와 옆에 앉혔습니다. 프로와 포로를 비교하며 이야기를 풀어갔습니다. 여기에서도 행복수칙 한두 개는 덜어 내도 좋다고 했습니다. 질에 자신이 없을 때 나는 이렇게 양을 충분히 합니다. 양이 질의 부실을 보완해주기도 합니다.

프로와 포로는 점 하나 차이. 그러나 행복지수는 하늘과 땅 차이. 일의 포로가 될지, 프로가 될지는 내가 정한다고 했습니다. 포로가 점 하나 떼는 길은 결국 실력이라고, 성장이라고 했습니다.

● **프로인가 포로인가**

프로는 실패를 하고 포로는 실기를 한다

직장인 행복의 원천은 실력과 성장. 실력과 성장을 쌓는 길은 도전하는 것. 저지르는 것. 설사 실패하더라도 실패가 주는 내공을 착실히 쌓아 내 것으로 만드는 사람이 프로다. 실패보다 안타까운 것은 실기다.

프로는 거울을 보고 포로는 시계를 본다

거울 속 활짝 웃는 내 표정에서 행복을 찾는 사람이 프로. 더 활짝 웃기 위해 더 깊은 실력과 더 높은 성장을 욕심내는 사람이 프로. 프로가 거울을 볼 때 포로는 시계를 본다. 퇴근시간 기다리며.

프로는 노래를 하고 포로는 박수를 친다

마이크 주인은 따로 없다. 내가 먼저 손에 쥐면 내가 주인이다. 가사, 음정, 박자 다 틀려도 좋다. 듣는 사람 하나 없어도 좋다. 노래를 해야 노래가 는다. 수동을 버려야 실력이 는다.

프로는 진짜로 남고 포로는 가짜로 간다

진짜 실력. 진짜 성장. 진짜 행복. 누구나 진짜를 꿈꾼다. 그러나 진짜의 수명이 영원한 것은 아니다. 진짜가 진짜라는 것에 만족하며 어떤 새로움도 흡수하려 하지 않을 때 자연스럽게 가짜가 된다.

프로는 다르게 살고 포로는 바르게 산다

프로의 자세는 늘 갸우뚱. 정답을 의심하는 자세. 상식을 견제하는 자세. 당연한 것을 당연하지 않다고 우기며 비틀어 생각하는 자세. 바른 자세가 아니라 다른 자세. 바른 자세를 이기는 다른 자세.

프로는 깊이를 보고 포로는 높이를 본다

깊은 산 중에 낮은 산은 없다. 깊이가 깊어지면 저절로 높이가 된다. 깊이 없는 높이는 발아래가 허전해 버둥거리다 무너지고 만다. 결국은 깊이다. 깊이가 실력이고 깊이가 성장이고 깊이가 행복이다.

프로는 기본을 심고 포로는 기교를 판다

기본은 세상 모든 기술과 기법과 기교를 이긴다. 한두 번 질 수는 있지만 결국은 기본이 이긴다. 기술과 기법과 기교는 '좋다'라는 단어를 만나야 힘을 쓰지만, 기본은 '있다'라는 단어로 충분하다.

#5 　　이렇게 세 가지 제안을 했습니다. 제안마다 행복슬로건 하나와 행복수칙 여러 개를 두었습니다. 일단 행복슬로건을 결심하면, 아래에 있는 행복수칙은 자유롭게 자리를 옮겨도 좋다고 했습니다. 표현만 조금씩 조정해서.

이 작업을 할 때 나는 《사람사전》이라는 책을 쓰고 있었습니다. 책에 실릴 단어 몇 개를 슬쩍 가져와 슬로건 설명에 인용했습니다. 성공, 실패, 진짜, 기본 같은 것들입니다. 작가와 카피라이터, 두 개의 삶을 사니 때론 이렇게 일이 짬뽕이 되기도 합니다. 두 가지 일이 서로에게 도움을 주기도 합니다. 물론 내가 쓴 문장이니 누구 허락을 득할 이유는 없습니다.

#6　　　SK1 기업문화 작업이 끝나자마자 이번엔 SK2에서 연락이 왔습니다. 그들이 서로 정보를 교환했는지 나는 모릅니다. 뭐 어쨌든. SK1에겐 세 가지 행복 슬로건을 제시했는데 SK2에겐 그럴 수 없었습니다. 주문이 달랐습니다. SK1처럼 포괄적인 주문이 아니라 섬세한 주문이었습니다. 혁신, 도전, 공유, 변화 같은 몇 가지 주제어를 주고 각각의 카피를 뽑아달라는 주문.

자, 여기 두 가지 주문이 있습니다. 하나는 섬세한 주문입니다. 아이스아메리카노 두 잔, 따뜻한 아메리카노 석 잔, 라떼 한 잔 주세요. 또 하나는 여유로운 주문입니다. 커피 알아서 대여섯 잔 주세요. 바리스타는 어떤 주문이 반가울까요. 카피라이터는 어떤 주문이 반가울까요.

내겐 이게 늘 딜레마입니다. 주문의 폭이 넓을 땐 생각을 자유롭게 폭넓게 할 수 있어 좋습니다. 하지만 나 혼자 어디 멀리 가버릴 때도 있습니다. 정신 차리고 보면 이 산이 아닙니다. 헉헉거리며 간 만큼 되돌아와야 합니다.

주문이 섬세할 땐 카피가 탈선하는 일이 없어 좋습니다. 하지만 섬세함은 제약이 되기도 합니다. 몸도 마음도 옴짝달싹 못합니다. 감옥에 갇힌 카피라이터처럼 맨날 면회, 영치금, 가석방 같은 카피만 씁니다. 당신이 광고주라면 어떤 주문을 하시겠습니까. 물론 정답은 없습니다.

여유로운 주문, 섬세한 주문.
당신이 광고주라면 어떤 주문을 하시겠습니까.

#7 SK2의 섬세한 주문 하나하나에 A안, B안 두 가지 카피를 배달했습니다. 짤막한 설명도 함께 배달했는데 이 책에선 함께 배달한 설명은 다 지웠습니다. 이 꼭지가 너무 길어지는 것 같아 그렇게 했습니다. A안, B안은 이렇게 마련하는 거구나. 이런 관점으로 살펴주십시오.

A안, B안이 각각 어떤 주문에 대답한 카피인지는 말하지 않겠습니다. 왜냐고요? 여기까지 착실히 읽어온 당신이라면 지금쯤 책이 지루해졌겠지요. 이미 하품을 몇 번 했겠지요. 당신에게 뭐든 할 일을 드리면 조금이나마 지루함을 덜 수 있겠지요. 그렇습니다. 배려입니다. 어떤 주문인지는 당신이 맞춰보십시오.

A. 열 가지 오답은 열 가지 가능성이다
B. 습관적이라는 말은 습관이 적이라는 뜻이다

A. 모든 의견은 1인분이다
B. 직책은 회의실 입구에 두고 들어간다

A. 함께가 합계보다 크다
B. 공유는 배우 이름이 아니다

A. 행복은 성적순이 아니라 성장순이다

B. 일의 프로가 되지 않으면 일의 포로가 된다

A. 2등이 누구인지 뒤돌아보지 않는다
B. 1등과 압도적 1등은 다른 말이다

A. 회사 이름 뒤에 숨지 않는다
B. 1차선을 달려야 유턴도 할 수 있다

A. 길은 바라보는 쪽으로 열린다
B. 정도전의 위대함은 이름 두 글자에 있다

A. 말할 기회는 데이터에게 먼저 준다
B. 데이터는 과로사하지 않는다

#8 SK1 또는 SK2가 기업문화에 내 카피를 몇 개나 쑤셔 넣었을까요. 내가 던진 말들이 회사 사람들을 조금이라도 행복하게 했을까요. 약국 밖에 있는 약이 되었을까요. 에이, 설마요.

밑줄 긋기

- 국내최초라는 말처럼 허약한 말은 없다
- 성장을 욕심내면 성공은 저절로 따라온다
- 실패보다 안타까운 것은 실기
- 기본은 세상 모든 기술과 기법과 기교를 이긴다
- 때론 질의 부실을 양이 보완해주기도 한다

13. 태어나주셔서 고맙습니다
― 어쩌면 태도가 본질일 수도

안부.

태도.

사람.

이제부터 나는 세 가지 이야기를 할 것이다. 그것은 안부, 태도, 사람이다. 때론 이렇게 내가 어떤 이야기를 할 것인지 미리 밝히고 이야기를 풀어갈 때가 있습니다. 듣는 사람 정수리 한가운데 굵은 단어를 심은 후에 이야기를 시작하는 거지요. 곧 내게 달려들 이야기는 이것들이구나, 이렇게 준비를 하고 들으면 이야기를 따라오다 길을 놓쳐 미로를 헤매는 일이 없을 테니까요.

스포일러 아냐? 이렇게 묻는다면 이렇게 되묻지요. 소설 《여자의 일생》은 제목이 스포일러인가요? 주인공이 남자가 아니라 여자라는 것이 드러났으니 스포일러인가요? 한두 해가 아니라 한평생 이야기라는 것을 까밝혔으니 스포일러인가요? 그래도 고개를 갸우뚱한다면 스포일러 첫 글자에 붙은 시옷 정도라 해두지요. 시옷 하나로는 이야기의 흥미를 방해할 수 없을 테니까요.

경기도 기본소득박람회 슬로건 작업 때 이 방법을 사용했습니다. 박람회는 알겠는데 기본소득은 뭐냐고요? 좋은 질문입니다. 모든 개인에게 동일한 최소 생활비를 지급하는 소득분배 제도를 기본소득이라 합니다. 어렵다고요? 모두에게 같은 돈을 준다고 이해하시면 됩니다. 그런데 왜 이게 좋은 질문이냐고요? 정말 좋은 질문입니다. 이 작업하면서 머리에 잘 저장해뒀는데 그동안 누구도 내게 묻지 않아 섭섭했거든요. 잘난 척할 기회가 없어서.

#1　　　　안부.

안녕하세요? 요즘 어떻게 지내세요? 날이 선선해졌죠? 밥은 먹고 다니니? 우리는 묻습니다. 누군가를 만나면 묻습니다. 그 사람의 안부를 묻습니다. 호사스럽게 잘 사는지를 묻는 게 아닙니다. 밥을 묻습니다. 집을 묻습니다. 일을 묻습니다. 최소한의 삶은 유지하고 사는지를 묻습니다. 이게 우리 모두의 인사법입니다.

기본소득 역시 묻습니다. 우리 모두가 사람답게 살고 있는지 묻습니다. 사람답게 살지 못하는 사람이 한 사람도 없는 세상으로 가야 하지 않겠느냐고 묻습니다. 묻고 나서 스스로 대답합니다. 그런 세상으로 가는 가장 빠른 길이 기본소득이라고.

우리가 이웃에게 묻는 것. 기본소득이 세상에 묻는 것.

둘엔 차이가 없습니다. 둘 다 최소한의 삶에 대한 관심이고 걱정입니다. 같은 질문인데 목소리 크기만 다를 뿐입니다. 이 인사법이 슬로건의 실마리였습니다. 국어사전은 안부를 이렇게 풉니다. 편안한지 편안하지 아니한지를 물음.

기본소득은 국가(또는 지방자치단체)가 국민에게 묻는 것입니다. 편안한지 편안하지 아니한지. 몇몇에게 묻는 게 아니라 모두에게 묻습니다. 묻고 나서 힘주어 말합니다. 같이 살아야 한다고. 이건 국가의 시혜가 아니라 국민의 권리라고.

기본소득박람회는 국가가 국민에게 안부를 왜 묻는지, 어떻게 묻는지, 언제 묻는지, 과연 국가가 나서서 안부를 물어야 하는지, 국가가 직접 묻는 안부가 어떤 의미인지를 두루 살피는 행사입니다. 경기도만의 행사가 아니라 전 세계의 관심을 받는 행사입니다. 우리가 추진하는 안부를 세상에 소개하고, 세계와 비교하며 우리를 가다듬는 행사입니다.

안부를 키워드로 잡은 첫 번째 라인에선 두 가지 슬로건을 제안했습니다. 하나는 멋을 부리지 않은 슬로건. 또 하나는 멋을 부린 슬로건.

모두에게 묻는 안부

먼저 멋을 부리지 않고 뜻을 전달하는 슬로건입니다. 정책 개념은 안부라는 단어가 말해주고 혜택 범위는 모두라는 단어가 말해줍니다. 기본소득의 개념을 그대로 풀어 행사 슬로건으로 사용하는 정공법입니다.

정책인데, 틀림없는 정책인데 정책처럼 들리지 않습니다. 국가가 하는 일이라는 느낌이 덜 듭니다. 왜일까요. 안부라는 단어가 어깨를 주물러 경직을 풀어주기 때문이지요. 단어 하나 바꾸면 메시지가 주는 느낌이 고체에서 기체로 180도 달라질 수 있음을 알 수 있습니다. 박람회 슬로건으로 제안하지만 추후에 기본소득 자체 슬로건으로도 사용할 수 있을 거라 했습니다. 이제 조금 멋을 부린 슬로건입니다.

안녕하세요?

오늘 아침에 우리가 한 말입니다. 어제도 했던 말이고 내일도 할 말입니다. 가장 편안하고 가장 익숙하고 가장 따뜻한 말입니다. 생각해보면, 안녕하세요? 만큼 기본소득을 쉽게,

가볍게, 상쾌하게 표현해주는 말도 없습니다. '모두에게 묻는 안부'라는 표현에 멋을 살짝 가하면 바로 이 한마디일 것입니다.

그렇습니다. 기본소득은 국가가 국민 한 사람 한 사람을 직접 찾아가, 안녕하세요? 묻는 것입니다. 묻고 나서, 약소하지만 이 돈 받으세요! 하며 국민 호주머니에 돈을 찔러 넣어주는 것입니다.

기본소득박람회 역시 모두에게, 안녕하세요? 안부를 묻는 행사입니다. 국가라는 엄청나게 큰 거인이 내 키만 한 사람으로 변신해 내게 꾸벅 인사하는 느낌. 어쩌면 세상 카피라이터들은 이 멋진 카피를 기본소득에게 주려고 그동안 쉬쉬하며 아껴두었는지도 모릅니다.

슬로건이 국민에게 더 친근하게 다가갈 수 있도록 캐릭터나 이모티콘 같은 것을 개발해 같이 쓰면 더 좋을 거라고 했습니다.

행사 후에도 이 슬로건을 버리지 말고 계속 안고 가라고 했습니다. 예를 들면 경기도가 1년 내내, 안녕하세요? 캠페인을 하는 것입니다.

안녕하세요? 안녕하세요? 안녕하세요? 아침에도 저녁에도 이 카피가 귀에 들릴 때까지. 수원에서도 파주에서도 집만

나서면 이 카피가 눈에 보일 때까지. 이 카피가 기본소득을 넘어 경기도 슬로건이 될 때까지. 안녕이라는 단어가 경기도 소유가 될 때까지. 즉 이 카피는 행사 슬로건으로 운명을 마치는 게 아니라 더 크게 쓰일 여지가 충분하다고 주장했습니다.

#2   태도.

요람에서 무덤까지. 영국에서 태어난 유명한 슬로건입니다. 사회보장 개념을 짧게 명료하게 표현한 슬로건입니다. 기본소득 개념도 이 슬로건으로 설명이 됩니다. 기본소득은 요람에서 무덤까지 비에 젖지 않게 하겠다는 약속이니까요. 사는 동안은 죽음을 생각하지 않게 하겠다는 약속이니까요. 그러나 앞서 말했듯이 이 약속은 국가의 시혜가 아닙니다. 국민의 당연한 권리, 사람의 마땅한 권리입니다.

이제까지 거의 모든 정책은 혜택 자랑에 급급했습니다. 슬로건 역시 혜택과 성과를 자랑하고 싶어 안달했습니다. 지나친 자랑이 점수를 까먹기도 했습니다. 그러나 국민의 권리라면, 사람의 권리라면 국가가 뭔가를 해준다는 느낌은 지워야 하지 않을까요. 오히려 자세를 한껏 낮춰 국민에게 정책을 바쳐야 하지 않을까요. 자연스럽게 태도라는 단어가 떠올랐습니다.

내용보다 태도가 더 중요하다는 말을 우린 자주 듣습니다. 하지만 어떤 일에 진지하게 매달리다보면 태도는 자꾸 까먹습니다. 또는, 태도가 결국 건더기는 아니라는 이유로 무시합니다. 까먹지도 무시하지도 말자고 했습니다. 혜택을 앞세우는 게 아니라 정책 내놓는 사람들의 태도를 보여주는 슬로건. 어떨까요. 새롭지 않을까요.

정책 알리기도 바쁜데 태도 알리는 일에 슬로건을 쓰다니. 미친 거 아냐? 만약 이런 항의를 받는다면 땡큐베리마치입니다. 새롭다는 증거니까요. 이제껏 이런 접근은 없었다는 반증이니까요. 두 번째 라인에선 태도를 슬로건으로 제안했습니다.

태어나주셔서 고맙습니다

태어나준 게 고마워 이 정책을 당신에게 바친다는 뜻입니다. 인구절벽을 걱정해야 하는 우리나라. 한 생명의 탄생은 너무도 고마운 사건입니다. 축하하고 축복해야 할 일입니다. 춤을 춰야 할 일입니다. 감사의 뜻으로 약소하지만 기본소득을 바친다는 뜻입니다. 돈을 쥐어주며 오히려 고맙다고 말하는 게 이 슬로건의 따뜻한 매력입니다. 국가는 호시탐탐 세금 뜯어갈 궁리만 한다고 믿는 사람들의 머리를 부드러운 망치로 뿅 때립니다.

내용보다 태도가 더 중요합니다.
어쩌면 태도가 본질일 수도.

태어났으니 어쩔 수 없이 기본소득.

태어나줬으니 너무너무 고마워 기본소득.

위 개념을 뒤집어 아래 개념으로 갑니다. 이것이 태도입니다. 태도는 전염됩니다. 국가가 국민에게 '고맙습니다'를 바치면 국민도 국가에게 '고맙습니다'를 되돌려줄 것입니다. 정책 하나가 대한민국 온도를 1도 더 올려놓을 수 있습니다. 온난화는 어떡해요? 아, 아까 그분이군요. 스포일러 아냐?

달라야 들립니다. 그냥 다르기만 한 것도 아닙니다. 잘 생각해보면 이 슬로건 역시 기본소득의 개념을 잘 설명하고 있습니다. 물론 이런 슬로건을 채택하기란 쉬운 일이 아닙니다. 개념 알리기도 바쁜데 무슨 태도까지. 이런 생각이 늘 이기기 때문입니다. 그래서 오히려 더 강하게 추천했습니다. 이 꼭지 제목이 무엇이었는지 다시 살펴보십시오. 이 슬로건에 대한 내 애정을 확인하실 수 있습니다.

#3   사람.

앞서 두 가지 라인을 제안했습니다. 첫 번째 제안은 안정감을, 두 번째 제안은 신선함을 줍니다. 안정감과 신선함 둘 중 하나를 고르면 된다고 했습니다. 그렇다고 세 번째 슬로건을 내놓지 않겠다는 뜻은 아니라고 했습니다. 세 번째 녀석은 부담 없이 제안하겠다고 했습니다. 채택하지 않아도 좋아, 하는 생각으로 제안했습니다.

나라를 나라답게

기억하시나요? 문재인 대통령이 후보 시절 사용한 카피입니다. 문재인 후보는 지금 대통령이 되어 나라를 나라답게 만드는 일을 하고 있습니다. 이 카피는 의미도 의미지만 말맛이 좋아 지금도 많은 사람들이 기억합니다.

자, 나라를 나라답게 만들기 위해 가장 먼저 해야 할 일은 무엇일까요. 적폐청산일까요. 정치개혁일까요. 경제성장일까요. 그보다 더 근본적인 일이 있지 않을까요. 그건 국민 한 사람 한 사람이 최소한의 삶을 유지할 수 있는 나라를 만드는 일 아닐까요.

그렇습니다. 그게 기본소득입니다. 기본소득은 사람이 사람답게 사는 세상으로 모두 함께 가자고 호소합니다. '사람'이라는 단어와 '답게'라는 단어에 주목하면 세 번째 슬로건을 어렵지 않게 찾을 수 있습니다.

사람을 사람답게

사람답게 밥을 먹고. 사람답게 잠을 자고. 사람답게 사랑을 하고. 사람답게 영화를 보고. 사람답게 노래를 부르고. 사람답게 손자 손녀에게 용돈을 주고. 사람답게 꿈을 꾸고.

물론 이 카피는 '나라를 나라답게'의 패러디입니다. 슬로건을 스타로 만들기 위해 엄청난 예산을 쏟아부을 수 없다면 패러디 카피를 던지는 것도 방법입니다. 익숙한 카피의 힘을 빌려 적은 예산으로 귀에, 가슴에 보다 쉽게 안착하는 방법.

물론 단순한 패러디로 끝나는 건 아닙니다. 나라를 나라답게 만드는 그 시작이 사람을 사람답게 만드는 거라고 선언하는 슬로건입니다. 한 걸음 더 깊이 들어간 슬로건입니다. 나라는 나랑 거리가 먼 거창한 단어지만, 사람이라는 단어는 내 이야기로 들릴 수 있습니다.

마지막 슬로건을 제안한 후 나는 내가 한 말을 취소했습니다. 채택되지 않아도 좋은 카피라는 말을 거둬들였습니다. 패러디 카피도 맛과 뜻이 좋으면 얼마든지 강하게 살아남을 수 있으니까요. 이 슬로건이 살아남을 가능성 역시 앞선 두 라인과 똑같이 1/3로 정정했습니다.

#4   가능성을 1/3로 정정하길 잘했습니다. 경기도는 마지막 슬로건을 선택했습니다.

밑줄 긋기

- 때론 멋을 부리지 않은 슬로건, 때론 멋을 부린 슬로건
- 단어 하나 바꾸면 메시지가 고체에서 기체로 바뀐다
- 친근하게 다가가려면 캐릭터나 이모티콘
- 어쩌면 태도가 본질일 수도
- 슬로건에 예산을 쏟아부을 수 없다면 패러디 카피

14. 아이디어는 가까운 곳에 있다
― 국가와 국민을 연결하는 법

그럴 때가 있습니다. 어떤 선택을 했는데, 어떤 결정을 했는데 왠지 께름칙할 때. 틀림없이 옳은 선택이고 옳은 결정인데 옳은 게 다가 아닐 수도 있다는 생각이 자꾸 들 때. 이럴 때 우리는 조언이라는 이름으로 누군가의 의견을 듣습니다. 착한 자세입니다. 귀를 활짝 열고 듣는다면.

대한민국은 사회복지 정책을 '포용적 복지'라 부르기로 했답니다. 선택을 한 것이고 결정을 한 것입니다. 누가? 청와대가. 보건복지부가. 정책 담당자가. 관련 학자나 전문가 집단이. 그런데 왠지 께름칙했나봅니다. 이대로 가도 되나 하는 의심. 그래서 착한 자세를 취하기로 했답니다. 조언을 듣기로 한 것이지요. 그런데 이들을 께름칙하게 만든 의심의 정체는 무엇이었을까요.

어렵다.

그렇습니다. 어렵습니다. '포용적 복지'라는 말은 일반 시민에겐 상대성이론만큼 어려운 말입니다. 포용도 어렵고 복지도 어려운데 이 둘을 붙인 말을 기억해주고 그 뜻까지 헤아려달라는 건 무리입니다. 과학 혼자 열심히 진도를 나가버리면 이런 말을 피하기 어렵습니다. 시민 손에 쥐어줄 말은 더 쉽고 더 친절하고 더 흥미롭고 더 구체적이어야 합니다.

조언을 달라고 했습니다. 내민 단어는 조언이었지만 대안을 달라는 뜻으로 들렸습니다. 귀를 활짝 열었는지는 확인할 수 없었지만 어쨌든 착한 자세를 취했으니 그러겠노라 대답했습니다. 나는 더 쉽고 더 친절한 말을 찾기 위해 과학에게 잠시 쉬라고 했습니다. 영감의 등을 두드리며 너만 믿는다 했습니다.

#1   어떻게 부를 것인가.

포용적 복지는 아동수당, 기초연금, 학자금, 금융지원 같은 것들입니다. 어린이, 청년, 여성, 어르신, 자영업자, 농어민, 장애인 등 거의 모든 시민이 혜택을 받도록 촘촘히 설계되어 있습니다. 형편이 어려울수록 혜택은 커집니다.

하지만 어렵습니다. 더 쉬운 말을 꺼내야 합니다. 쉬운 말은 어디 숨어 있을까요. 배낭 메고 올라 산을 뒤져야 할까요. 수영복 입고 들어가 바다를 뒤집어야 할까요. 어깨에서 힘 빼고 먼저 주위를 둘러봐야 합니다.

내 엉덩이가 앉은 곳.
내 손이 미치는 곳.
내 시선이 닿는 곳.
지금 내 귀에 들리는 것.

아이디어는 산이나 바다가 아니라 내 가장 가까운 곳에 있을 가능성이 가장 큽니다. 가까운 곳에서 먼 곳으로 한 뼘씩 시선을 넓혀가며 찾는 게 좋습니다. 그래야 시간을 아낄 수 있습니다. 그래야 무리한 연결, 억지스러운 연결을 덜하게 됩니다.

포용 대신 꺼낼 말 역시 포용 주위에서부터 돋보기 들고 현미경 들고 찾아야 합니다. 포용과 가장 가까이에 있는 단어, 모음 하나만 다른 단어, 찾았습니다.

포옹.

그렇습니다. 포용과 포옹은 쌍둥이처럼 생김새가 닮았습니다. 생김새만 닮았을까요. 뜻도 닮지 않았을까요. 쌍둥이의 뜻을 사전에서 찾아봅니다.

포용, 너그럽고 아량 있게 감싸 받아들임.
포옹, 품에 껴안음.

이 책을 첫 장부터 한 장 한 장 넘겨 여기까지 온 독자라면 이젠 알 것입니다. 내 카피 작업에 뻔질나게 참여하는 녀석이 하나 있다는 것을. 내가 녀석에게 수시로 도움을 받는다

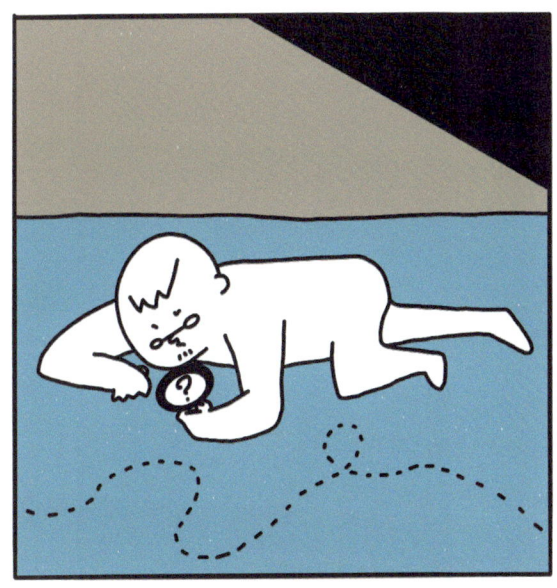

아이디어는 가장 가까운 곳에 있을 가능성이 큽니다.
내 주위에서부터 돋보기 들고 현미경 들고 찾아야 합니다.

는 것을. 녀석은 365일 내 곁에 딱 달라붙어 있다는 것을. 녀석 이름은 국어사전이라는 것을.

다르지만 다르지 않은 단어가 포용과 포옹입니다. 포용은 어렵지만 포옹은 쉽습니다. 포용은 개념을 설명하는 단어지만 포옹은 행위를 표현하는 단어입니다. 포용은 머리에 그림이 그려지지 않지만 포옹은 쉽게 그림이 그려집니다. 가슴과 가슴이 밀착하는 따뜻한 그림. 나는 착한 자세를 취한 그들에게 포용을 포옹으로 바꿔 전달하자고 조언했습니다. 이런 카피를 내밀었습니다.

포옹의 나라

이제 국가가 국민을 포옹한다고 선언하는 것입니다. 그런데 국가 혼자 국민을 포옹할 수 있을까요. 포옹은 쌍방 행동입니다. 포옹 하나는 따뜻함 두 개를 낳습니다. 국가가 국민을 포옹하면 국민 역시 국가를 포옹할 수밖에 없습니다. 국가와 국민이 서로를 껴안고 이해하려고 애쓰는 풍경을 상상해보십시오. 아름답지 않습니까.

'포옹의 나라'라는 이름을 알리는 것으로 일이 끝날까요. 아니지요. 일단 포옹이라는 단어를 잡았으면 어떻게든 이 단어를 스타로 만들려는 노력이 더해져야지요. 전 국민 포옹 캠페인까지 가는 겁니다.

　아들은 아버지를 포옹하고, 며느리는 시어머니를 포옹하고, 아래층은 위층을 포옹하고, 김 부장은 박 대리를 포옹하고, 사용자는 노동자를 포옹하고, 비장애인은 장애인을 포옹하고. 또 거리엔 마음 허한 사람을 대가 없이 안아주는 허그가 늘어나고, 포옹을 주제로 만든 공익광고가 눈에 보이고, 기업들도 경쟁적으로 포옹 캠페인을 내놓고, 예능이나 개그에 포옹을 소재로 한 코너가 착착 생기고.

　포용을 스타로 만드는 건 어렵지만 포옹을 스타로 만드는 건 그리 어렵지 않습니다. 포옹이라는 단어가 이렇게 뜨겁게 돌아다닌다면, 포용적 복지의 의미는 억지로가 아니라 저절로 전달되지 않을까요. 포용의 나라 머리 위엔 이런 슬로건을 놓을 수 있을 거라 했습니다.

날마다 포옹
모두를 포옹

　포용적 복지의 혜택을 365일 공기처럼 마시게 된다는 뜻입니다. 일부만 마시는 게 아니라 온 국민이 함께 마시게 된다는 뜻입니다.

#2   어떻게 전달할 것인가.

'포옹의 나라'를 포용적 복지를 알리는 뚜껑으로 쓴다면, 그 뚜껑 아래에 놓인 정책 하나하나는 어떤 형태로 전달하는 게 좋을까요. 이런 고민을 할 때 흔히 등장하는 사례가 오바마 캠페인 '줄리아의 일생'입니다.

미국 시민 스물다섯 살 줄리아. 대통령이 누가 되느냐에 따라 완전히 달라지는 그녀의 일생을 나이대별로 하나하나 비교하며 구체적으로 보여주는 수작입니다. 아이디어는 분명 가까운 곳에 있다 했는데, 가까운 곳을 다 뒤져도 손에 잡히는 게 없을 땐 이렇게 태평양을 건너기도 해야 합니다.

물론 줄리아의 일생을 그대로 따라 하는 건 자존심이 허락하지 않습니다. 힌트는 얻되 방법은 달리 해야 합니다. 이런 방법은 어떨까요. 포옹의 나라가 시민 한 사람의 스물네 시간을 어떻게 바꿔놓는지 보여주는 방법. 일생이나 하루나 그게 그거라고요? 그렇게 생각하신다면 자수합니다. 베꼈습니다.

일단 어르신 한 분, 청년 한 분의 하루를 그려봤습니다. 정책과 생활을 어떻게든 연결했습니다. 정책을 깊이 알지 못해 대충 그려본 밑그림이니, 더하고 빼고 곱하고 나누는 작업이 따라줘야 할 거라 했습니다. 대한민국 워킹맘 이정미의 하루, 대한민국 자영업자 박석현의 하루, 대한민국 농민 정석찬의 하루… 이렇게 흐름을 이어가면 국민 모두를 포용할 수 있겠지요.

● **대한민국 어르신 박민재의 하루**

06:00 아침운동
4만 원 오른 기초연금으로 운동화 하나 새로 샀지. 정열적인 빨강색으로. 그걸 신고 오늘도 씩씩하게 동네 한바퀴.

08:00 출근
노인 일자리가 두 배 늘어, 비록 반나절 일자리지만 내 자리도 하나 건졌어. 지난달 신입사원이 된 손녀랑 나란히 출근.

14:00 임플란트
치과에 들러 어금니 임플란트. 비용은 30%만 내면 되니까 부담이 많이 가벼워졌어. 주말엔 고기 뜯어야지.

15:00 요양병원
집사람 요양비가 또 낮아졌어. 아낀 돈으로 오늘은 장미 한 송이 사들고 병원 가볼까. 쑥스럽겠지만 뭐 어때.

17:00 치매검진
집으로 돌아오는 길에 치매검진. 물론 검진비는 몽땅 건강보험이 지원. 몸도 마음도 건강하게 오래 살아야지.

18:00 문자메시지
노인 통신요금 1만 원 이상 추가감면. 잘 써먹어야지. 오늘은 딸에게 전화가 아니라 문자를 보내볼까. 이모티콘 섞어서.

22:00 취침
고령자 맞춤형 공공임대주택이 무려 5만 채 새로 생긴다지. 그곳에 입주할 날을 꿈꾸며 이불 펴고 꿈나라로.

● **대한민국 청년 김정훈의 하루**

07:00 행복기숙사
기숙사 비용 월 24만 원. 완전 땡큐. 아침 반찬은 조금 섭섭하지만 뭐 감지덕지. 얼른 먹고 도서관 자리 잡으러 가야지.

09:00 강의실
난 수업에만 열중. 등록금은 국가가 도와주니까. 무려 236만 명이 장학금 혜택을 받는다는데 설마 그 속에 내가 없진 않겠지.

14:00 서점
오늘은 달달한 에세이 한 권 살 거야. 청년과 대학생을 위한 햇살론 덕에 책도 사고 학원도 끊고 방세도 내고.

14:30 스마트폰
통신비가 1/4로 뚝 떨어지니 자꾸 스마트폰을 들여다보게 됨. 절제. 절제. 스마트폰과의 거리두기 잊지 말 것.

17:00 취업생각
졸업 후 걱정 잠깐. 중소기업 들어가면 3천만 원 목돈에 전월세 보증금까지 지원해준다니 은근히 당기는데. 고민.

18:00 데이트
여친 만나 열변. 우리 당장 결혼해도 돼. 신혼부부 보금자리론이라는 게 있거든. 그녀는 결혼해줄 생각 1도 없는데. 쩝.

20:00 영화관
7만 원까지는 내가 쏜다. 자, 내 손엔 비장의 무기 통합문화이용권. 영화, 공연, 스포츠, 여행 뭐든 말만 해.

#3   카피가 시원치 않아서였을까요. 그들은 착한 자세로 조언을 들었지만 귀를 활짝 열지는 않았던 것 같습니다. 포용은 끝내 포옹으로 바뀌지 않았습니다. 자존심 상했냐고요? 늘 있는 일입니다. 이런 것 하나하나에 자존심 상처받으면 카피라이터 오래 못합니다.

 밑줄 긋기

- 더 쉽고 더 친절하고 더 흥미롭고 더 구체적으로
- 개념어는 피한다
- 아이디어는 가까운 곳에서부터
- 국어사전의 도움을 받는다
- 남의 창작에서 힌트는 얻되 방법은 달리 할 것

문자가 왔다

작가님 감사합니다. 어제 강연 듣고 오늘 과감하게 회사 사표 던지고 오는 길이에요. 더 끌리는 곳을 알아보려고요. ㅋㅋ

내가 무슨 짓을 한 걸까요. ㅋㅋ 두 글자로 위장했지만 그녀 마음은 전혀 ㅋㅋ이 아니었겠지요. 남의 인생 간섭하는 일엔 더 신중해야 하는데. 더 섬세해야 하는데. 꿈 심어주고 용기 채워준다는 핑계로 바람만 넣어준 건 아닌지. 어쨌든 그녀의 건투를 빌었습니다.

님을 위한 행진곡

님을 위한 행진곡엔
내 이름이 나온다.
당신 이름도 나온다.

산 자.

80년 5월 이후 우리 모두의 이름은 산 자입니다. 죽지 못한 자입니다. 사랑이나 명예나 이름 따위를 지키느라 따라 죽지 못한 자입니다. 죽은 자들은 목숨으로 말했습니다. 산 자여 따르라. 하지만 못난 나는 맨날 술잔에 술만 따르고 있습니다. 부끄러운 5월이 또 지나갑니다. 어느 해 5월 18일 늦은 밤.

편집자

책 한 권이 세상에 나온다. 작가가 콘텐츠 제공자라면, 이를 깎고 다듬고 끓이고 우려서 맛있게 먹을 수 있는 요리로 만들어 내는 건 편집자다. 편집자가 작가의 불충분을 채우려고 원고를 거의 다시 쓰는 경우도 적지 않다고 들었다. 그러니 책은 작가와 편집자의 협업으로 만들어 내는 물건임에 틀림없다.

가끔 작가가 책을 보내온다. 표지를 넘기면 어김없이 그의 사인이 보인다. 가끔 편집자도 책을 보내온다. 하지만 이 책을 만든 편집자 누구누구라는 사인을 품은 책은 없다. 열심히 만든 책입니다. 읽어주세요. 왜 이런 사인은 없는 걸까. 정말 협업이라면, 정말 열심히 만든 내 새끼라면 편집자도 내 이름 석 자를 책에 적어 보내야 하지 않을까.

✎

나랑 오랜 시간 협업을 한 편집자가 있습니다. 그녀의 손때가 묻은 책들은 좋은 반응을 얻었고 그 덕에 나는 지금도 글을 쓰고 책을 냅니다. 그녀가 새 책을 보내왔습니다. 아주 오랜만에 일답게 일한 책이라는 짤막한 메모와 함께. 그런데 그 메모를 책에 직접 쓰지 않고 노란 포스트잇에 따로 적어 붙여 보냈습니다. 책 표지 바로 다음 장에 이 메모와 그녀 이름이 놓여 있었으면 더 좋았을 거라는 생각을 했습니다.

누군가 내 책을 이렇게

글쓰기에 관심 있는 분들에게 카피라이터 정철의 《카피책》을 권합니다. 카피에 관한 책이지만 모든 글쓰기에 참고가 됩니다. 좋은 글의 기본은 쉬운 글입니다. 직업상 글을 꽤 쓴 편이고 책도 쓰고 했는데 쉬운 글쓰기는 여전히 어렵기만 합니다.

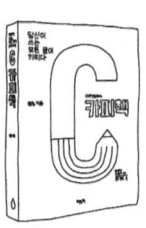

가끔 남이 쓴 좋은 글을 공유합니다. 이 글은 2016년 2월 20일 저녁에 공유한 글입니다. 내 눈엔 정말 좋은 글입니다. 이 글을 쓴 사람은 다음 해 5월 대한민국 대통령이 됩니다.

TAKE 4

생각이
글이 되는 과정
생중계

15. 문재인 카피라이터의 긴 이야기
— 대통령의 카피는 어떻게 만들어졌는가

2017년 대통령 선거. 2012년에 이어 다시 문재인 카피라이터로 살았습니다. 후보가 재수하는 바람에 나도 재수를 한 셈입니다. 결코 짧지 않은 시간이었고 그 짧지 않은 시간 동안 결코 적지 않은 생각을 생산했습니다. 내 생각을 돕는 과학과 영감에 과부하가 걸릴 만큼.

그 시간들을 기억하려고 공책에 또박또박 기록해두었습니다. 이제 풀어놓습니다. 물론 그 많은 생산을 다 옮길 수 없어 추리고 또 추렸습니다. 그래도 양이 꽤 됩니다. 이 꼭지는 인내를 갖고 읽어주셔야 합니다. 이야기는 타임머신을 타고 2012년으로 날아갑니다.

#1   추천사

2012년 2월. 초짜 정치인 문재인은 대한민국에서 가장 바쁜 사나이였습니다. 총선 출마선언을 하고 하루 스물네 시간을 잘게 쪼개 골목골목 누비며 그 많은 일정을 다 소화하고 있었습니다. 특전사 출신은 과연 다르다는 생각을 했습니다.

그때 나는 그를 도우려고 부산에 내려가 있었습니다. 새 책 출간을 앞두고 있었는데, 그에게 추천사를 부탁하자는 얘기가 있었습니다. 나는 도저히 그런 말을 할 수 없다고 했습니다. 그가 허접한 책이나 읽고 있을 만큼 한가하지 않다는 걸 잘 알고 있었으니까요. 그러자 출판사가 나 몰래 그에게 간곡한 메일을 보냈고 그는 이를 덜컥 수락해버렸습니다.

오늘 주시려나, 내일 주시려나. 책 출간일은 다가오는데 독촉할 수도 없고 해서 무작정 기다렸지요. 그러다 설 연휴를 맞았고 나는 설 쇠러 서울에 갔다 왔습니다. 연휴 다음날 아침, 그가 어색한 표정으로 내게 다가왔습니다. 그리고 가만히 종이 한 장을 내밀었습니다. 구식 편지지에 육필로 쓴 추천사였습니다. 연휴 동안 짬을 내 추천사를 쓴 것입니다. 그는 숙제 검사받는 학생 표정으로 이렇게 말했습니다.

나, 그 원고 다 읽었어요.

놀랐습니다. 정말 놀랐습니다. 나도 추천사를 쓴 적 있지만 원고를 완독하는 경우는 거의 없었습니다. 대충 훑어보고 감으로 내용을 때려잡아 썼습니다. 그런데 그는 달랐습니다. 원고를 읽지 않고 어떻게 추천사를 쓸 수 있지? 그의 표정은 이렇게 말하고 있었습니다. 내 얼굴은 빨개졌습니다. 그는 그런 사람입니다. 어쩌면 그날 아침 그 짧은 기억이 오래도록 나를 문제인 카피라이터로 살게 했는지도 모릅니다.

그날 받은 육필 추천사는 지금도 내 지갑 속에 잘 보관되어 있습니다. 그가 노무현 대통령의 유서를 지갑 속에 간직하고 있는 것처럼.

> **우선 재미있다. 감각적이다. 촌철살인과 역발상으로 가득한 카피 같은 문장들을 읽으며 감탄이 멈춰지지 않는다. 세상에 글을 이렇게 쓸 수 있다니. 이렇게 책을 만들 수 있다니. 또한 통쾌하고 통렬하다. 권력과 허위의식에 대한 날카로운 비판과 풍자가 통렬하기 짝이 없다. 속이 시원하다. 그것으로 끝나지 않는다. 가장 크게 고개를 끄덕이게 만드는 것은 우리들 자신에 대한 비판의 통렬함이다. 마치 찬물 한 바가지 덮어쓴 것처럼 정신이 바짝 든다.**

문장을 짧게 짧게 끊어 쓴 걸 보면 그의 글 솜씨를 알 수 있습니다. 그런데 왜 그랬을까요. 분명 추천사를 부탁했는데 왜 감탄사를 써줬을까요.

#2   헌정 광고

다시 타임머신 타고 2012년 12월 19일 밤으로 날아갑니다. 절망. 이 한마디보다 그날을 잘 설명하는 단어는 없을 것입니다. 문재인 후보를 지지한 국민 절반에게 죄인이 된 나는 탈출구를 찾지 못해 잔뜩 웅크렸습니다. 페이스북에 이 한 줄을 쓰고 내 방에 처박혔습니다. 죄송합니다.

며칠 후, 어렵사리 탈출구를 찾아냈습니다. 그것은 낙선한 후보를 위한, 낙담한 지지자들을 위한 헌정 광고를 만들어야겠다는 생각이었습니다. 후보 광고를 함께 만들었던 기획, 피디, 감독, 편집, 성우, 녹음실까지 모든 분들이 적극 찬성해주었고 모두 노 개런티로 참여해주었습니다. 눈물 나게 고마웠습니다. 카피가 주도하는 광고였고 핵심 카피는 '끝은 시작이다'였습니다. 나의 2017년 대선은 이미 이때부터 시작되었는지도 모릅니다.

이제 남자에게도 아름답다는 말을 붙일 수 있을 것 같다.

아름답게 살아왔고 아름답게 일어섰고 아름답게 싸워준 사람. 지금처럼 살아도 되는 건지 내게 물어온 사람. 내 안에서 시들어버린 뜨거움을 흔들어 깨워준 사람. 그래서 아쉬움보다 미안함이 더 크게 남는 사람.

끝은 시작이다.

2012년 12월 19일. 이 날을 수천만 개의 아름다운 마음이 별처럼 쏟아진 날로 기억하자. 언젠가는 우리 정치에도 아름답다는 말을 붙일 때가 올 것이다. 그의 아름다운 도전은 아직 마침표를 찍은 게 아니니까.

기회는 평등할 것입니다.
과정은 공정할 것입니다.
결과는 정의로울 것입니다.

사람이 먼저다. 영원히.

카피 전문입니다. 자막이 쭉 이어지다 '끝은 시작이다'부터 성우 목소리가 등장합니다. 기회 평등, 과정 공정, 결과 정의, 이 카피는 후보 목소리입니다. 마지막 카피. '문재인' 세 글자 대신 '영원히' 세 글자를 넣었습니다. '영원히'는 '끝은 시작이다'라는 카피와 호응하며 그의 다음 도전을, 아니 다시 도전을 부추겼습니다.

선거가 끝나고 후보 광고를 만드는 건 아마 전무후무한 일일 것입니다. 당연한 얘기지만 이 광고는 TV를 탈 형편이 아니었습니다. 유튜브에 올렸습니다. 조회 수가 폭발했고 SNS를 통해 뜨겁게 확산되었습니다. 나는 후보에게 또 허탈에 빠진 지지자들에게 위로와 희망을 드리기 위해 영상을 만들었다고 인터뷰했지만, 어쩌면 이 광고는 내가 절망에서 빠져나오려는 발버둥이었을 것입니다.

#3   직진, 문재인

5년이 흘렀습니다. 다시 문재인호에 합류했습니다. 첫 대통령 선거 이후에도 정치인 문재인을 가끔 도왔으니 합류라는 말이 어색할지 모릅니다. 이번엔 젊은 친구들이 해야지, 입은 사양했지만 내 엉덩이는 어느새 그곳에 앉아 있었습니다.

아직 캠프가 꾸려지기 전이었습니다. 왜 문재인이 대통령이 되어야 하는지, 정돈된 글이 없다고 했습니다. 국민을 설득할 가장 기본적인 무기가 없다는 뜻입니다. 모두가 나를 쳐다봤습니다. 정리해보겠다고 했습니다. 그렇게 자연스럽게 나는 창작공장 공장장이 되었습니다.

술을 마시고 있었습니다. 안주는 치킨이나 노가리가 아니라, 왜 문재인인가. 카피라이터에겐 퇴근이 없습니다. 퇴근을 해도 하던 일 일부는 머릿속으로 기어들어가 함께 퇴근합니다. 술자리까지 따라옵니다. 그때 부산에서 전화가 왔습니다. 문재인 후보를 위해 열심히 뛰는 한 선배 전화였습니다. 전화를 받자마자 다짜고짜 한마디 쏩니다.

아이디어는 꼭 내가 내야 한다는 생각은 버리는 게 좋습니다.
내게 아이디어를 찔러줄 사람은 널렸습니다.

정 카피, 직진 어때?

전후좌우 설명 없는 홍두깨 같은 습격이었지만 나는 그 말을 알아들었습니다. 문재인을 설명하는 키워드로 직진을 제안하는 말이라는 것을. 전화 속이 시끌시끌한 걸로 보아 그 역시 술을 마시고 있었던 것 같습니다. 나는 부산 술자리가 찾아낸 그 단어를 얼른 호주머니 속에 집어넣었습니다.

아이디어는 꼭 내가 내야 한다는 생각. 이 생각은 버리는 게 좋습니다. 내게 아이디어를 찔러줄 사람은 널렸습니다. 수용할 자세만 있다면 세상 모든 머리를 내 머리로 사용할 수도 있습니다. 물론 착하게 잘 살아야 합니다. 착하게 잘 살아야 이렇게 아이디어 적선도 받습니다.

나는 직진을 받았습니다. 실체와 무관하게 문재인은 너무 부드럽다, 약하다 이런 말이 돌고 있었기에 직진으로 이를 정면 돌파하기로 했습니다. 열두 장짜리 카드뉴스를 만들었습니다. 영감보다 과학이 일을 많이 한 카피입니다.

직진, 문재인

따라가지 않는다

인생이 그랬다. 직진이었다. 사법연수원을 차석 졸업했지만 대형 로펌 가지 않았다. 낮은 곳으로 직진했다. 인권변호사, 노동변호사가 되었다.

회피하지 않는다

처음엔 정치를 망설였다. 하지만 노무현의 죽음이 운명처럼 그를 정치로 불렀다. 이젠 회피하지 않는다. 정권교체 그날까지 선봉에 서서 직진.

의심하지 않는다

탄핵은 인용된다. 수백만 촛불 민심을 누구도 거스를 수 없다. 탄핵은 정치가 아니라 정의다. 헌재의 심판이 아니라 역사의 심판이다.

계산하지 않는다

민주당 경선. 계산기 누르지 않는다. 유리불리 따지지 않는다. 국민만 믿고 뚜벅뚜벅 간다. 성큼성큼 간다. 직진이다.

사양하지 않는다

민주당 대선 후보. 사양하지 않는다. 주저 없이 내가 대통령이 되겠노라 말한다. 준비되었기 때문이다. 이길 자신이 있기 때문이다. 이겨야 하기 때문이다.

걱정하지 않는다

상대가 누구든 좋다. 문재인만 아니면 다 좋다는 구태 정치인 1만이 모여 저항한다 해도 좋다. 국민의 눈과 귀를 믿는다. 정권은 교체된다.

타협하지 않는다

정권교체 후에도 쭉 직진이다. 적폐청산엔 주저도 타협도 없다. 언론개혁, 검찰개혁, 친일청산 모두 정권 초기부터 흔들림 없이 직진이다.

포기하지 않는다

세월호. 노랫말로 대신한다. 어둠은 빛을 이길 수 없다. 거짓은 참을 이길 수 없다. 진실은 침몰하지 않는다. 우리는 포기하지 않는다.

용납하지 않는다

김정은의 허튼 짓, 결코 용납하지 않는다. 병역미필 정당이 특전사 출신 문재인에게 종북을 말하는 적반하장도 더는 용납하지 않는다.

배반하지 않는다

촛불과의 약속. 역사와의 약속. 배반하지 않는다. 배신하지 않는다. 대통령이 되어도, 대통령이 되지 않아도 죽는 날까지 직진이다.

앞으로 갑니다
직진, 문재인

반말투를 썼습니다. 강해 보이려고. 문장을 짧게 짧게 끊어 갔습니다. 자신 있어 보이려고. 헤드라인 열 개는 톤은 물론 글자 수까지 맞췄습니다. 어지럽거나 무질서해 보이지 않

으려고. 잘 정돈된, 잘 준비된 느낌을 주려고

토요일이면 광화문에 나가 촛불 드는 일이 습관처럼 자연스러웠던 그때. 사람들은 대통령 선거가 앞당겨질 수도 있다고 했고 우리는 이렇게 준비를 했습니다. 착실히. 빈틈없이. 두 번 질 수는 없었으니까요.

#4   주간 문재인

일주일에 하나씩 공약을 발표한다고 했습니다. 국민 한 사람 한 사람의 삶을 바꾸는 손에 잡히는 공약만 골라, 후보가 국민에게 이를 직접 설명하고 약속하는 영상을 찍기로 했습니다. 이름을 지었습니다.

주간 문재인

'월간 윤종신'을 슬쩍 훔쳐온 이름입니다. 윤종신 님은 항의하지 않았습니다. 이제라도 연락 주시면 밥 사겠습니다. 공약도 이름도 반응은 나쁘지 않았습니다. 나는 영상과 함께 노출할 카드뉴스를 만들었습니다. 창간호 공약은 치매국가책임제였는데 이것 하나만 기록해둡니다.

도둑이나 강도보다 무서운

가정파괴범을 아십니까.

치매입니다.

치매에 걸리면 한 사람의 인생이 망가집니다. 자식들의 삶도 망가집니다. 집안경제도 망가지고 형제간 우애도 모조리 망가집니다. 안타까운 일입니다. 하지만 치매에 걸리는 것보다 안타까운 건 국가가 치매를 나 몰라라 하는 것입니다. 국가가 무엇입니까. 도둑도 잡고 강도도 잡는데 그들보다 무서운 가정파괴범을 가만둔다면 그건 국가의 책임을 다하는 게 아니겠지요.

치매국가책임제.

문재인은 '주간 문재인' 창간호에서 치매를 국가가 책임지겠다고 약속했습니다. 왜냐고요? 우리나라 치매환자는 무려 70만 명. 65세 이상 열 명 중 한 명. 80세가 넘으면 절반 가까이 치매이기 때문입니다. 환자 한 명 치료하는 데 드는 연간 비용은 무려 2천만 원. 개인이 감당하기엔 너무 큰 금액이기 때문입니다. 그리고 존경심. 자식 키우는 일에 인생을 다 써버린 우리 부모님에게 드리는 작은 존경심. 문재인은 그 존경심이 바로 치매국가책임제라고 말합니다.

할 수 있는 것은 다 한다.

꼭 해야 한다는 신념만 있으면 방법은 찾아집니다.
문재인은 다섯 가지 방법을 내놓았습니다.

① 건강보험처럼 치료비 본인부담 상한제

② 경증환자에게도 장기요양보험 혜택
③ 서울보다 지방에 치매지원센터 증설
④ 현재 5%에 불과한 국공립요양기관 확대
⑤ 치매지원센터 서비스 종사자 처우 대폭 개선

해 봅시다. 어렵더라도 해 봅시다. 우리 모두에게 일어날 수 있는 일입니다. 문재인이 맨 앞에 설 것입니다. 우리 어머니, 아버지의 인생 황혼이 서쪽하늘 황혼보다 아름답기를 기원합니다.

맨 마지막 카드엔 노을을 비주얼로 썼습니다. 카피와 비주얼이 어우러진 느낌이 참 좋았습니다. 마지막 카피 한 줄이 이 카드뉴스를 사람 냄새나는 이야기로 만들어주었습니다. 과학이 주도하는 일을 영감이 살짝 도운 셈입니다.

사족 한마디 보탭니다. 카피라이터는 어쩔 수 없이 공부를 해야 합니다. 치매 관련 카피를 쓰려면 치매를 공부해야 합니다. 커피 관련 카피를 쓰려면 커피를 공부해야 합니다. IT 관련 카피를 쓰려면 IT를 공부해야 하는데, 지독한 아날로그인 나는 그 공부가 그렇게 어려웠습니다.

방법을 찾기로 했습니다. 찾았습니다. 포기하자. IT 관련 카피는 다 포기하자. 포기하고 나니 기분이 가벼워졌습니다. 거기까진 좋았는데 덩달아 지갑도 가벼워지고 말았습니다. 지금도 IT 쪽에선 정철이라는 카피라이터를 투명인간 취급합니다.

#5 그래요 문재인

민주당 내 대통령 후보 경선 준비를 해야 했습니다. 무엇보다 중요한 건 지지자들의 투표 참여. 나는 캠페인슬로건을 '그래요 문재인'으로 잡았습니다. 문재인이 민주당 후보가 되는 건 당연한 일이라는, 모두가 문재인을 마음에 두고 있다는 뉘앙스를 담았습니다. 지지율 1위 후보다운 슬로건이어서 스스로도 만족했습니다.

1. 그래요 문재인

그래요, 이번엔 문재인이지요.
그래요, 문재인이라야 이길 수 있지요.
그래요, 국민경선 시작이에요.
그래요, 당신도 당연히 참여하셔야지요.

2. 20년 민주정부를 향한 1번 타자
  당신이 감독이라면 누구를 먼저 내보내시겠습니까

우리 팀엔 좋은 선수들이 많습니다. 이들에게 문재인이 길을 열겠습니다. 문재인을 먼저 내보내주십시오. 1차 경선에서 끝내게 해주십시오. 차질 없이, 상처 없이 본선을 준비할 수 있게 해주십시오.

그래요 문재인

이런 카피 여러 개를 차례로 내보냈습니다. 내보내고 나서 생각하니 누구나 쓸 수 있는 카피였습니다. 누구나 할 수 있는 캠페인이었습니다. 아쉬웠습니다. 폭발적인 참여를 끌어내기 위해선 캠페인 주체가 후보가 아니라 국민이어야 한다는 생각을 했습니다. 한동안 과학이 열심히 일을 했으니 이제 영감이 나서야 한다는 생각이었습니다.

문재인을 적극 지지하는 사람들을 찾았고, 사진작가 김진석의 도움을 받아 이들을 멋지게 찍었습니다. 이들 한 사람 한 사람을 모델로 "나는 국민경선에 참여합니다"라는 공통 헤드라인을 붙인 포스터를 여러 장 만들었습니다.

1. 나는 국민경선에 참여합니다

   전주여고를 졸업하고 새내기 대학생이 되는 최유진 씨.
   생애 첫 투표를 문재인에게 주고 싶답니다.

2. 나는 국민경선에 참여합니다

   전자의수를 개발하여 주목받는 엔지니어 이상호 씨.
   보다 손쉬운 창업을 위해 문재인을 지지한답니다.

3. 나는 국민경선에 참여합니다

   팔 하나로 빅이슈를 판매하는 부산 자갈치역 김종원 씨.
   더 많은 일자리를 위해 문재인을 찍겠답니다.

포스터는 하루 하나씩 SNS를 통해 세상에 나갔습니다. 반응은 나쁘지 않았지만 만약 이들을 주르륵 내보내는 것으로 끝났다면 여전히 평범한 캠페인이었을 것입니다. 욕심을 냈습니다.

사진만 보내주시면 누구에게나
이런 포스터를 만들어드리겠습니다.

이렇게 선언해버렸습니다. 반응은 폭발적이었습니다. 사진 받겠다고 선언한 내 메일함이 마비될 만큼. 다른 어떤 일도 손에 잡을 수 없을 만큼. 혼자 힘으로는 감당이 안 되는 사태가 벌어진 것입니다. 결국 자원봉사자들에게 도움을 청했고, 간신히 신청한 모든 분의 포스터를 만들어드릴 수 있었습니다.

이들 모두가 SNS에 자신의 포스터를 올렸습니다. 아이를 안은 엄마도 "나는 국민경선에 참여합니다". 강아지를 안은 아빠도 "나는 국민경선에 참여합니다". 이 뜨거운 바람은 문재인 지지자들을 경선 투표장으로 불러냈습니다. 결과는 1차 경선에서 압도적인 승리.

누군가는 이 캠페인을 대한민국 정치 캠페인을 오프에서 온으로 가져온 대단히 의미 있는 캠페인이라 평가해줬습니다. 쑥스럽지만 동의했습니다. 내게도 오래 기억에 남을 캠페인입니다.

#6   문재힘위원회

취업준비생 문재인에겐 돈이 없었습니다. 국민 후원이 절실했습니다. 문재인후원회를 만들어 지지자들의 지갑을 열게 해야 했습니다. 나는 후원회 이름을 '문재힘위원회'로 지었습니다. 문재인에게 전하는 후원금은 돈이 아니라 그를 응원하는 힘이라는 뜻을 분명히 하고 싶어서 그랬습니다.

캠페인 방법으로 티저광고를 택했습니다. 티저란 소비자의 호기심을 자극하기 위해 일부러 상품이나 서비스의 자세한 정보를 감추는 광고 기법입니다. 몇몇 시민이 자신의 지갑을 카메라 앞에 내밀며 말합니다.

1. **3월 2일, 이 지갑을 열겠습니다**
   캘리그래퍼 이세나

2. **3월 2일, 이 지갑을 열겠습니다**
   회사원 황해원

3월 2일이 무슨 날인지, 지갑을 어디에 쓰겠다는 것인지는 밝히지 않습니다. 그러나 한쪽 귀퉁이에 조그맣게 문재힘위원회라고 써놓았으니 무엇을 말하려는 광고인지 짐작은 했을 것입니다.

지지자들은 일찍 마감될까 두려워 후원회 문을 열자마자 다투어 힘을 보내왔습니다. 주책없이 또 눈물이 났습니다. 이후 광고는 후원금을 보내준 시민을 모델로 썼습니다. 이들 이름을 헤드라인에 넣었습니다.

노지성은 문재힘이다

오민우는 문재힘이다

안은숙은 문재힘이다

#7   문재인 한 장

정치광고는 영감보다 과학이 일을 더 많이 합니다. 팩트를 임팩트 있게. 이게 핵심이기 때문입니다. 그러나 팩트와 임팩트만 좇다보면 캠페인에서 사람 냄새를 맡기 어렵습니다. 영감이 일을 하는 캠페인, 사람 문재인이 보이는 캠페인도 하나쯤은 있어야겠다고 생각했습니다.

대선 기간 내내 호흡을 맞춘 사진작가 김진석. 그의 사진은 느낌이 참 좋습니다. 마음을 찍는다고 할까. 이야기를 찍는다고 할까. 그가 후보와 동행하며 후보 표정을 슬쩍슬쩍 훔친 사진을 보고 있으면 사진에 글을 붙이고 싶은 욕구가 솟습니다. 그래서 '문재인 한 장'이라는 시리즈를 생각했습니다. 느낌 있는 후보 사진에 글 몇 줄 붙이는 형태였습니다. 수십 장을 만들었는데 셋만 소개합니다.

1. 꽉 다문 입술 10센티 아래에
   그에게 맡겨진 숙제가 있다.

2. 우리 눈에는 보이지 않지만
   그는 지금 김대중과 노무현의 등을 보며 걷는다.

3. 저런 표정이 저절로 나올 리 없다.
   저 안에 믿음 몇 개, 배려 몇 개, 희망 몇 개.

처음 글은 그의 옷깃에 달린 세월호 리본을 보고 썼고, 두 번째는 그가 사람들에 섞여 광화문 거리를 걷는 모습을 보고 썼습니다. 세 번째는 아이를 따뜻하게 바라보는 그의 시선을 보고, 장석주 시인의 '대추 한 알'이라는 시를 패러디 했습니다. 저게 저절로 붉어질 리는 없다. 저 안에 태풍 몇 개. 저 안에 천둥 몇 개. 저 안에 벼락 몇 개.

완전한 창작은 없다고 합니다. 우리 모두는 나도 모르게 누군가의 창작에서 영감을 받습니다. 그 영감이 만들어준 걸 손에 들고 새로운 걸 만들어 냈다고 흔들어대는지도 모릅니다. 어쩌면 세상 모든 창작이 모방인지도.

#8   나라를 나라답게

홍보본부를 맡게 되었습니다. 내 의지와 무관하게 그렇게 되었습니다. 갈등도 있었고 자존심도 상처받았지만 후보 한 사람만 보고 가기로 했습니다. 자연스럽게 카드뉴스 생산에서 멀어졌고 이젠 포스터, TV광고, 신문광고 등 전통적인 광고 캠페인을 고민해야 했습니다. 가장 큰 일은 슬로건을 만드는 일이었습니다.

사람이 먼저다

그의 첫 번째 대선 슬로건입니다. 그땐 그랬습니다. 어렵다, 약하다, 정치슬로건 같지 않다, 지지자들로부터 항의도 많이 받았지만 우린 이 슬로건이 정치슬로건 같지 않아 오히려 좋다고 생각했습니다. 기존 정치인과 다르다는 것이 당시 후보의 매력이었으니까요. 후보 철학과 시대정신이 잘 만난 슬로건이라는 생각엔 지금도 변함이 없습니다. 5년이 흘렀습니다.

국민이 국가다
정의가 잘사는 나라

이런 굵직한 대안을 숱하게 놓고 고민했지만 쉽게 결정하지 못했습니다. 시대정신이 과연 무엇일까, 재차 고민했습니다. 국민 모두가 한 목소리로 던진 뜨거운 질문이 떠올랐습니다.

이게 나라냐?

국민은 대답을 듣고 싶어 한다. 누군가 대답을 해야 한다. 그 누군가는 지지율 1위를 달리는 문재인이어야 한다. 이 질문에 대한 대답이 곧 시대정신일 것이다. 대답만 찾아내면 슬로건 고민은 해결된다. 이렇게 생각했고 결국 대답을 찾았습니다. 대답은 그대로 슬로건이 되었습니다.

나라를 나라답게

나라를 두 번 반복하여 리듬을 살린 슬로건입니다. 지지율 1위다운 안정감 있는 슬로건입니다. 이 헝클어진 나라를 나라답게 만들겠다는 다짐이자 약속입니다. 처음엔 후보가 '나라를 나라답게'를 자꾸 '나라다운 나라'라고 말해 애를 먹기도 했습니다. 뜻은 같지만 맛은 많이 다릅니다.

나는 '답게'라는 말을 좋아합니다. 글도 나답게. 책도 나답게. 하루하루 삶도 나답게. 독자에게 사인을 할 때도 이름을 묻고 이름 뒤에 답게를 붙입니다. 김철수답게. 박영희답게. 그래서 이런 슬로건을 썼는지도 모릅니다. 《카피책》에서도 말했지만, 어쩌면 카피라이터는 아무도 모르게 광고에 자신의 철학과 인생과 욕심을 녹여 넣는 사람인지도 모릅니다.

#9   TV광고

짧은 기간 치르는 대선이라 시간 싸움의 연속이었습니다. 광고회사가 정말 고생 많이 했습니다. 회의실에서 편집실에서 녹음실에서 거의 매일 밤을 새웠습니다. 그 밤들은 여섯 개의 TV광고를 만들어 냈습니다. 고맙다는 말도 제대로 못 했는데 지금 여기에서라도 하면 들릴지 모르겠습니다. 고맙습니다.

하나하나 다 의미 있지만 가장 남기고 싶은 광고 하나를 꼽으라면 사진작가 박종우 편입니다. 이 광고는 기획된 것이 아닙니다. 사진 몇 장 찍으러 세월호 추모식에 간 박종우 씨는 그곳에 앉은 문재인 얼굴을 망원렌즈에 담았습니다. 그날 찍은 영상과 자신의 생각을 SNS에 올렸습니다. 이거다! 하는 생각이 들었습니다. 연출하지 않은 영상. 꾸미지 않은 표정. 멋 부리지 않은 글. 진심을 전달하는 데 이보다 훌륭한 크리에이티브는 없을 거라 믿었습니다.

1분 내내 원 씬으로 후보 얼굴만 보여주는 광고. 얼굴로 마음을 읽게 하는 광고. 50초 즈음 손끝으로 살짝 눈물을 훔치는 게 유일한 동작인 광고. 박종우 씨가 자신의 목소리로 자신의 생각을 읽어주어 더욱 진정성이 느껴졌을 것입니다. 책에 영상을 보여드릴 수 없으니 카피만 소개합니다.

다큐멘터리 사진작가 박종우

대통령 선거 기간, 후보들의 사진을 찍기로 했다. 500밀리 망원렌즈를 통해 본 문재인의 얼굴. 추모 노래가 울려 퍼지는 동안 애써 울음을 참았지만 그의 눈엔 눈물이 그렁그렁했다.

평생 사람 얼굴만 관찰해온 나는 얼굴로 그 사람 마음을 읽는 재주가 생겼다. 이날 눈물을 훔치는 문재인의 슬픈 표정은 일부러 만들어 낸 것이 아닌 진심으로 보였다.

그가 대통령이 되더라도 하루아침에 나라가 바뀌지는 않을 것이다. 취임과 함께 수많은 걸림돌이 그 앞에 놓일 것이다. 그럴더라도 나는 가슴 아픈 일에는 눈물을 흘릴 줄 아는 대통령을 갖고 싶다.

이 광고는 연말 대한민국 광고대상에서 은상인가 동상인가를 수상하는 영광까지 누립니다. 하나 재미있었던 건, 이 광고 모델인 문재인 후보가 그해 모델상 수상자로 선정되었다는 연락이 왔다는 것. 이미 청와대에 입성한 대통령이 모델상 받는 게 적절하지 않은 것 같아 정중히 사양했습니다.

#10 　　　　문재인 1번가

이 선거에서 가장 주목 받은 것은 온라인 캠페인일 것입니다. 내가 TV광고에 매달리는 동안 홍보본부와 SNS본부 영건들은 온라인 캠페인에 주력했습니다. 역시 거의 매일 날밤을 새웠습니다. 그 결과로 태어난 것이 '문재인 1번가'입니다. 문재인의 공약을 파는 쇼핑몰 사이트입니다. 젊은 유권자들의 호응이 컸습니다.

　그때 나는 알았습니다. 내가 신경 쓰지 않을수록 멋진 캠페인이 만들어진다는 것을. 역시 젊은 친구들이 파란을 일으킨다는 것을.

#11 　　　　투표 전 날

'문재인 카피라이터의 마지막 부탁'이라는 글을 썼습니다. 편지 쓰듯 썼습니다. 사족 덧붙이지 않고 그대로 옮깁니다.

행여 말실수 할까 두려워 한동안 글을 쓰지 않았습니다. 5월 9일 늦은 밤 뜨거운 글로 다시 뵙겠다고 약속했습니다. 하루 앞두고 약속을 어깁니다. 꼭 드리고 싶은 부탁이 있어 이렇게.

염치없지만 지금 드리는 부탁은 처음이 아닙니다. 지난 대선 때도 같은 제목의 글을 썼습니다. 문재인 카피라이터로 1년 일한 소회를 담담하게 밝히며 마지막 부탁을 드렸습니다. 그것은 투표 다음 날 거리거리에 붙을 당선사례 현수막 카피를 쓰게 해달라는 부탁이었습니다.

결국 마지막 카피 한 줄은 쓰지 못했습니다. 아니, 썼지만 누구도 그것을 볼 수 없었습니다. 아팠습니다. 그래서 며칠 후 낙선자에게 바치는 헌정 광고를 만들었는지도 모릅니다. 도와주십시오. 이번엔 꼭 쓰고 싶습니다. 문재인을 위해 제가 할 수 있는 마지막 일을 하고 제자리로 돌아가고 싶습니다.

돕는 방법은 귀를 막는 것입니다. 각 캠프에서 주장하는 말 듣지 마십시오. 목소리 큰 논객들의 가르침도 흘려들으십시오. 믿을 건 오직 당신의 휴대폰뿐입니다. 오늘 하루 휴대폰을 탈탈 털어 딱 한 사람만 찾아내십시오. 그에게 기호 1번의 의미를 진심을 다해 전해주십시오. 설득하고 부탁하고 필요하다면 어리광이라도 부려주십시오. 어렵지 않습니다. 딱 한 사람입니다. 1천만이 한 사람씩 견인해 내는 기적을 꿈꿔봅니다.

내일은 비가 온다고 합니다. 지난 9년 우리가 쌓아온 부끄러움을 내일 내리는 비가 다 씻어줬으면 좋겠습니다.

#12   당선사례

첫 선거 때 그토록 쓰고 싶었는데 쓰지 못한 당선사례 카피. 결국 썼습니다. 기어코 썼습니다. 성원에 감사드린다는 말 같은 건 다 내려놓고 이렇게 썼습니다. 단어 셋만 큼지막하게.

우리, 모두, 함께

현수막은, 지지자들만의 대통령이 아니라 모두의 대통령이 되어달라는 내 바람을 안고 며칠을 펄럭였습니다. 이렇게 나는 두 번 연속 대통령 후보 카피를 쓰는 영광을 누렸습니다. 가문의 영광이라는 말은 이럴 때 쓰는 것이겠지요.

#13　　　　2년 반 후

2년 반.
그는 많이 늙었고
그 대가로 대한민국은 젊어졌다.

2019년 11월 19일. 대통령 임기 딱 절반이 지난 그날을 나는 이렇게 기록해두었습니다. 더 보탤 말은 없습니다. 저 문장 하나가 많은 말을 하고 있으니까요. 어쩔 수 없는 문재인 팬인 나는 그가 성공한 대통령으로 기록되기를 거듭거듭 기도합니다.

#14 　　《카피책》엔 적지 않은 정치 카피가 실려 있습니다. 독자 여럿이 말했습니다. 다 좋은데 작가 정치 성향이 강하게 드러나는 게 흠이다. 성향 다른 사람이 읽으면 꽤 불편할 것이다. 인정합니다. 그래서 이 책만은 그런 이야기 듣지 않게 해줘야겠다, 마음먹었습니다. 책 한 권은 족히 될 만한 양의 정치카피를 다 버렸습니다.

　그러나 문재인 카피라이터로 살아온 내 시간을 깡그리 모른 척할 수는 없어 이렇게 한 꼭지를 그에게 드립니다. 이렇게 또 내 성향을 들킵니다. 그냥 운명 같은 거라 해두겠습니다.

　많이 불편하신 분은 이 한 꼭지는 그냥 건너뛰십시오. 네? 늦었다고요? 이 꼭지 첫 줄에서 했어야 할 말이라고요? 그렇군요.

 밑줄 긋기

- 카피라이터는 공부를 해야 한다
- 팩트를 임팩트 있게
- 아이디어를 꼭 내가 내야 하는 건 아니다
- 자신 있어 보이려면 문장을 짧게 짧게 끊어서
- 정치슬로건은 후보 철학과 시대정신이 만나는 것

16. 수학이 국어에게 도움을 청하다니
— 브랜드네임도 카피다

나는 수학을 못했습니다. 지지리도 못했습니다. 수학은 늘 내 평균을 아래로 끌어내리는 주범이었습니다. 수학과 친한 머리를 갖지 못했으니 재미를 붙일 수 없었고, 재미가 없으니 수학시간은 물론 수학선생님마저 그냥 싫었습니다. 성적은 당연히 아래로 아래로.

그래서 지금 어떤 불편이 있냐고요? 없습니다. 수학 못해서 겪는 불편은 없습니다. 지금 생각해보면 사는 데 별 도움도 되지 않는 그 어려운 미적분과 왜 그렇게 씨름했나 싶습니다. 물론 수학이 논리적 사고를 키워준다는 데는 동의합니다만, 지금 나는 그다지 논리적인 일을 하고 있지 않기에 더 그런 생각이 드는 것 같습니다.

수십 년이 흘렀는데 조금도 변하지 않았더군요. 요즘 아이들도 여전히 그 어려운 공부를 하고 있었습니다. 학교 앞 책방엔 아이들을 유혹하는 울긋불긋한 수학교재가 탑을 쌓고 있었습니다. 어떻게 알았느냐고요? 몰랐는데 알게 되었습니다. 카피라이터로 살다보니 수학교재 만드는 출판사에서도 연락이 오더군요.

수학 젬병인 내 정체를 모르고 나를 찾은 건 에이급수학 이었습니다. 중학교 수학교재로 꽤 이름 있는 출판사입니다. 수학이라는 말을 듣는 순간 전화를 끊을까 고민했는데, 내게 부탁하려는 것이 수학이 아니라 국어라 했습니다. 세상에, 수학이 국어에게 도움을 청해온 것입니다.

교재 이름을 지어달라는 거였습니다. 나는 표지에 박힐 몇 글자만 책임지면 됩니다. 책 속에 실릴 복잡한 숫자와 공식은 들여다보지 않아도 됩니다. 수학 못한다는 말은 굳이 할 필요가 없었습니다. 안 했습니다.

앞서 영어 못하는 정철이라 고백했는데, 수학 또한 못했다는 사실도 이렇게 들키고 맙니다. 하지만 국영수 중 맨 앞에 놓는 국어는 좀 했습니다. 그것 하나로 밥 먹고 삽니다. 이것저것 다 잘할 필요 없습니다.

#1   만났습니다. 내 작업실 부근 중국집에서 만났습니다. 작은 방 하나 빌려 만났습니다. 탕수육과 양장피가 놓였고 자연스럽게 낮술을 했습니다. 많이 마시지는 않았지만 술은 밤낮을 가리지 않고 사람을 무장해제 합니다. 몇 잔 주고받다보면 저절로 일은 성사됩니다. 카피료도 작업기간도

작업범위도 문제가 되지 않습니다. 힌트입니다. 나랑 작업하고 싶은데 이런저런 이유로 상황이 녹록치 않다면 미팅 장소를 회의실이 아닌 술집으로 잡으십시오.

까짓 것, 합시다.

내가 애용하는 문장입니다. 카피 의뢰나 강연 요청 또는 원고 청탁을 받았을 때, 어떤 이유로든 내 마음이 움직였다면 내 답장은 이 한 문장입니다. 잘아 보이기 싫어서, 쿨해 보이고 싶어서 '합시다' 앞에 '까짓 것'을 붙입니다. 수학책 카피, 까짓 것 쓰기로 했습니다.

에이급수학은 수학 잘하는 학생이 보는 책입니다. 책을 들고 있는 것만으로도 수학 좀 하는 아이가 되는 그런 신기한 책입니다. 중학생 정철은 감히 넘볼 수 없는 책이었겠지요. 중하위권 아이들을 위한 교재를 따로 만든다고 했습니다. 내부에서는 '수학의 단비(단기비법)'라는 이름을 생각했는데 아직 결심하지 못했다고 했습니다. 더 강력한 이름을 원한다고 했습니다.

내가 받아든 숙제는 책 이름 하나가 아니었습니다. 기존 에이급수학이 쓰고 있는 카피도 검토해 달라. 초등학생 에이급수학 카피도 검토해 달라. 유형콕이라는 책, 원리해설이라는 책 카피도 검토해 달라. 이름 하나 맡기면서 검토해 달라는 카피가 더 많았습니다. 말은 검토라고 했지만 더 괜찮은 카피를 원했습니다.

출판사에 전한 내 생각을 그대로 옮깁니다. 당신이 에이급출판사 대표라 생각하시고 내 카피를, 내 설득을 살펴주십시오.

#2   먼저 새 교재 이름.

《수학의 단비》라는 이름 좋습니다. 의미도 좋고 맛도 좋습니다. 그냥 이대로 가도 좋을 것입니다. 다만 이런 생각은 듭니다. 이름이 조금은 포괄적이라는 생각. 수학 잘하는 아이, 못하는 아이 누구나 단비에 젖고 싶을 테니까요. 그래서 조금 뒤처진 바로 나를 위한 교재라는 느낌이 한방에 올 수 있는 이름은 없을까 고민했습니다. 이를 찾기 위해 이 교재의 핵심 메시지는 무엇일까, 먼저 생각했습니다. 이런 메시지 아닐까요.

빠르게 따라잡는

그렇습니다. '따라잡는'이라는 말이 조금 뒤처진 나를 위한 교재라는 얘기를 한방에 해줍니다. 여기에 '빠르게'라는 말이 붙어 에이급만의 비법이 처방되어 있음을 말해줍니다. 이 카피를 새로운 교재 설명하는 메인 카피로 사용할 것을 권합니다. 자, 이제 이 메시지를 효과적으로 전달할 수 있는 이름을 찾아야 합니다. 두 가지를 찾았습니다.

수학의 축지법

한 걸음에 십 리를 간다는 축지법. 나는 한참 뒤에서 이제 막 출발하지만 축지법으로 너희 모두를 따라잡을 수 있어, 라고 말하는 이름입니다. 축지법은 아이들이 좋아할 만한 재미있는 말입니다. 무협소설이나 만화에 나오는 흥미로운 말입니다. 발음도 강해 힘 있는 브랜드로 자랄 싹이 보입니다. 물론 이름 아래에 '빠르게 따라잡는 수학' 같은 카피가 따라붙어줘야 하겠지요. 같은 콘셉트를 가진 또 하나의 이름은,

압축수학

그 복잡한 수학공부를 얇은 한 권에 압축시켜놓았다는 뜻. 축지법과 같은 뜻입니다. 짧은 시간에 중상위권으로 도약할 수 있다는 이야기입니다. 중하위권 아이들이 꿈속에서라도 듣고 싶었던 바로 그 이야기입니다.

빠르게 따라잡는다는 메시지로 이 두 가지 이름을 제안합니다. 표지에 들어갈 카피들은 출판사 쪽이 더 잘 알 터이니 그쪽에서 정리하면 될 것입니다. 다만 '빠르게 따라잡는'이라는 카피가 중심에 놓여야 할 것입니다.

#3 에이급수학 카피에 대하여.

수학 쫌 한다면

미팅 때도 말씀드렸듯이 이 카피는 훌륭합니다. 이 책이 사라질 때까지, 출판사가 문 닫을 때까지 계속 가져갔으면 합니다. 아니, 이 훌륭한 카피를 버리지 않는다면 출판사가 문 닫는 일은 없을 것입니다. 이 카피를 메인슬로건으로 놓고 함께 사용할 보조 카피 몇 개를 생각해봤습니다. 현재 표지엔,

**유연한 논리사고력, 문제해결력, 종합응용력을 완성하는
중학수학 최고의 문제집**

이런 카피가 놓여 있습니다. 좋습니다. 그런데 가독성이 떨어져 보입니다. 같은 메시지도 어떻게 놓느냐에 따라 전달력은 큰 차이가 납니다(어떻게 놓느냐는 물론 디자이너 몫의 일이지만 적극적인 카피라이터는 이런 간섭도 합니다). 세 가지 핵심

메리트가 한눈에 척 보였으면 합니다. 교재 이름이 에이급수학인 만큼 이 세 가지를 3A라 불러도 좋을 것입니다.

논리사고력

문제해결력

종합응용력

3A를 완성하는 문제집

시작이 A급이면 결과도 A급입니다. 이 카피도 좋습니다. 버리지 말고 계속 어딘가에 사용하십시오. 이와 함께 사용할 수 있는 카피 한두 개 더 생각해봤습니다. 지금 카피로도 충분하니 그냥 버리셔도 좋고 내지 어딘가 여백이 허전할 때 양념으로 사용하셔도 좋습니다.

급이 다른 수학

따라올 테면 따라와 봐

#4 　　　　초등학생 에이급수학에 대하여.

초등학생 에이급수학에 쓰인 카피는 그다지 눈에 띄는 게 없네요. 수학은 역시 에이급입니다. 이런 카피가 보이는데 별로 날카롭지 않습니다. 눈을 찌르지 못합니다. 그래서 먼저 이런 접근은 어떨까 생각해봤습니다.

수학 쫌 하는 언니오빠가 되려면

중학수학 메인 카피를 초등수학에 연계하는 것입니다. '에이급=수학 쫌 하는' 이 등식 하나를 어릴 때부터 심는 것입니다. 초등학생 때부터 에이급으로 시작해야 중학생이 되어서도 에이급수학을 들고 다니는 최상위권이 된다는 의미입니다. 그 외에 사용할 만한 카피 한두 개 더 생각해봤습니다.

들고 다니는 것만으로도 으쓱
초등수학이 평생수학

#5 　　　　유형콕에 대하여

지금 표지에 사용하는 메인 카피 '핵심 콕, 이해 콕, 내신 콕' 좋습니다. 우리 브랜드로 달려가는 힘이 좋습니다. '제대로 짚어주는 똑똑한 공부법'이라는 카피도 좋습니다. 이대로 가도 좋을 것입니다. 다만 제목 위에 있는 슬로건은 찬성하기 어렵습니다. 이렇게 되어 있습니다.

가장 빨리 가장 효율적으로 실력이 오르는

무난한 카피입니다. 손에 잡히는 구체성이 없는 카피입니다. 재미도 없습니다. 이런 카피는 어떨까 생각해봤습니다.

꼭꼭 숨은 핵심, 콕콕 찍어 손에 쥐어주는
이것이 시험에 나오는 문제
시험에 안 나오는 건 버리고 시험에 나오는 것만 콕콕

처음 카피는 우리 브랜드인 '콕'을 '꼭'과 대비해 리듬을 살린 슬로건입니다. 나머지 두 가지는 가장 강력한 유혹을 직접 던지는 슬로건입니다. 시험에 나오는 문제를 미리 알려준다는 말보다 강한 유혹은 없을 테니까요. 세 가지 카피를 적당히 여기저기 사용하셔도 좋을 것입니다.

#6　　　　원리해설에 대하여.

표지 제목 아래에 이런 카피가 보입니다. 원리에서 실전까지 한방에 끝! 나쁘지 않습니다. 원리해설만 모아놓은 책이 아니라 실전에 당장 도움이 된다는 얘기는 꼭 필요한 이야기일 것입니다. 그런데 표지에 보이는 또 다른 카피는 너무 쉽게 나온 카피 아닐까 하는 생각이 들었습니다. 이런 카피입니다.

원리를 알면 수학이 보인다

물론 중요한 메시지입니다. 이 책이 세상에 나온 첫 번째 이유일 것입니다. 하지만 어디선가 들어본 것 같은 카피라 힘이 약합니다. 카피를 이렇게 바꾸면 어떨지요. 같은 메시지이지만 우리가 늘 하는 말, 즉 구어체로 바꾸는 것입니다. 쉽고 편하고 입에 붙는 카피로 바꾸는 것입니다.

그래서 그렇구나

이상입니다. 이상이 에이급 책들을 일견하며 떠오른 생각들입니다. 시장을 잘 알지 못해 이미 다른 곳에서 쓰고 있는 카피를 제안했는지도 모릅니다. 감안해서 살펴주십시오. 에이급이 에이플러스급으로 쾌속행진 하기를 빕니다.

#7 제안을 하고 몇 계절이 지났습니다. 늘 그랬듯이 수학은 까맣게 잊고 살았습니다. 그런데 수학이 다시 내게 전화를 했습니다. 중하위권을 위한 수학책 결국 이름을 결정하지 못했다. 책이 늦어지면서 이름도 미루다 이렇게 되어버렸다. 축지법이 정말 좋았는데 아이들에겐 어려운 이름 같더라. 요즘 아이들 무협소설 읽지 않으니까.

요지는 이런 얘기였습니다. 한 번만 더 고민해 달라는. 나는 지난 기억을 소환하며 이름 고민을 다시 해야 했습니다. 세 가지를 더 건넸습니다. 이렇게 애프터서비스까지 성의껏

하는 카피라이터 흔치 않습니다.

에이급수학 순한 맛

라면에도 순한 맛이 있습니다. 카레에도 순한 맛이 있습니다. 이는 매운맛과 상대적으로 대비되는 맛일 뿐, 라면이나 카레가 아니라는 뜻은 아닙니다. 기존 에이급수학이 매운 맛이라면 이 책은 순한 맛입니다. 상대적으로 받아먹기 좋다는 의미입니다. 책을 음식처럼 표현한 것이 이 이름의 재미이고 힘입니다.

소문자 a급수학

우리 브랜드가 대문자 A를 쓰는 에이급수학이라면 이런 접근도 재미있어 보입니다. 소문자 a를 사용함으로써 조금은 가벼운, 부담 없는, 누구나 욕심낼 수 있는 에이급수학임을 암시합니다. 그러니까 이제부터 에이급수학은 대문자 A와 소문자 a를 각각 사용하는 형과 아우가 나란히 가는 것입니다.

친절한 에이급수학

쉽다는 뜻입니다. 그러나 '쉬운 에이급수학'이라는 책을 들고 다니는 건 아무래도 쪽팔리는 일이겠지요. '친절한'은 자세하게 섬세하게 가르쳐준다는 뜻입니다. 자세하게 섬세하게 가르쳐주니 당연히 쉽다는 뜻으로 받아들일 것입니다.

이렇게 애프터서비스를 했지만 지금도 내 생각엔 변함이 없습니다. 축지법이라는 브랜드가 가장 힘이 좋을 것 같다는. 아이들에게 생소한 말이라지만 금세 익숙해질 거라는. 축지법의 뜻을 가장 먼저 알아낸 아이가 뽐내며 친구들에게 그 뜻을 설명하게 만들어주라는.

 밑줄 긋기

- 나를 위한 제품이라는 느낌이 한방에 올 수 있게
- 어떻게 놓느냐에 따라 카피 전달력은 달라진다
- 같은 메시지도 가능하면 구어체로
- 유혹을 던진다
- 제품 들고 다니는 소비자를 쪽팔리게 하지 말 것

17. 1 합시다
── 광고 목표가 뚜렷한 캠페인

목표란 무엇일까요. 달려가야 할 곳이지요. 광고 목표란 무엇일까요. 광고가 달려가야 할 곳이지요. 그렇다면 이런 게 광고 목표일 수 있을까요.

    브랜드 인지도를 대폭 늘린다.
    제품 판매가 불처럼 일어나 매출에 기여한다.
    기존 이미지에서 탈피, 호감 가는 기업 이미지를 만든다.

    대폭. 불처럼. 호감 가는. 이런 형체 없는 말은 광고 목표일 수 없습니다. 과학이 들으면 불같이 화를 낼 말들입니다. 광고 목표에 영감이 개입해서는 안 됩니다. 오롯이 과학에게 맡겨야 합니다.
    '대폭'이 아니라 '68%', '불처럼'이 아니라 '지난해의 두 배', '호감 가는'이 아니라 '서울시민 호감도 75%' 이런 게 광고 목표입니다. 계량할 수 있어야 광고 목표입니다. 광고가 성공했는지 실패했는지 눈으로 확인할 수 있어야 광고 목표입니다.

광고주는 TBS 시민의 방송.
캠페인 목표는 연내 유튜브 구독자 100만.

모처럼 목표가 뚜렷한 캠페인을 받았습니다. 시간도 정해져 있고 숫자도 정해져 있습니다. 그 시각에 거기까지 가야 합니다. 12월 31일 자정까지 100만을 달성해야 합니다. 긴장감과 승부욕을 동시에 부르는 캠페인입니다.

큰손들이 몇 만씩 던져주면 금세 100만이 되겠지만 그럴 수는 없는 일. 한 사람 한 사람의 마음을 움직여야 했습니다. 한 사람 한 사람의 손가락을 움직여야 했습니다. 그런데 한 사람 한 사람이 남몰래 조용히 구독해 100만이 되는 건 조금 아쉽습니다. 기회를 충분히 활용하지 못하는 느낌이랄까요. 가능하면 100만이 되는 뜨거운 과정을 생생하게 보여주고 싶었습니다. 생중계하듯이. 그래야 눈에 띠는 캠페인이 될 테니까요. 그래야 시민이 직접 참여하는 굵은 캠페인이 될 테니까요.

#1   많은 이야기를 하려 하지 말 것. 긴 이야기를 하려 하지 말 것. 복잡한 이야기를 하려 하지 말 것. 이 세 가지 생각을 머리에 쑤셔 넣고 메시지를 정리했습니다. 빼고

떼고 풀고 자르고 나누고 다듬고. 메시지는 한 줄로 압축되었습니다. 이 문장 하나가 우리가 전달해야 할 전부입니다.

1을 보태 100만을 채워주세요.

사람들은 꽃다발을 건네면 꽃다발을 봅니다. 한 송이 한 송이 눈여겨보지 않습니다. 한 송이를 건네야 그 한 송이를 봅니다. 포장지 다 풀어 던지고 딱 한 송이만 건네자고 했습니다.

꽃다발이 아니라 한 송이에 주목했습니다. 100만이 아니라 1에 주목했습니다. 100만을 채워줄 시민 1에 주목했습니다. 시민 1이 구독 1을 더하고, 이를 자신의 SNS에 올리고, 그것을 본 1이 다시 1을 더하고, 오늘은 구독자가 얼마나 늘었는지 다투어 확인하는 캠페인. 근엄한 캠페인이 아니라 발랄한 캠페인. 내가 제안한 캠페인슬로건은,

1 합시다

나는 1 했다. 너도 1 했니? 오늘 1이 95만을 넘었대. 기대된다 100만. 이런 확산을 기대하는 슬로건입니다.

캠페인을 시작할 때가 11월 중순. 그때 90만을 살짝 넘긴 상태였으니 연말까지 100만 가려면 시간이 많지 않다고 했

꽃다발을 건네면 꽃다발을 봅니다.
한 송이를 건네야 그 한 송이를 눈여겨봅니다.

습니다. 나는 옳다 잘됐다, 시간을 핑계로 B안, C안은 없다고 했습니다. 다른 아이디어 낼 생각하지 말고 1에 집중하자고 했습니다. 1은 작지만 큰 숫자라고 했습니다. 1의 힘을 믿어보자고 했습니다.

시간이 충분한 일이 있습니다. 시간에 쫓기는 일이 있습니다. 카피라이터는 어떤 일을 더 좋아할까요. 나는 스케줄이 빡빡한 일을 더 좋아합니다. 잘 쓰는 건 자신 없지만 빨리 쓰는 건 자신 있거든요. 아이디어나 카피의 품질은 시간과 비례하지 않거든요.

시간이 많으면 일이 늘어집니다. 오늘 결정해도 좋을 일을 내일로 미룹니다. 자꾸 수정하자고 합니다. 자꾸 다른 생각을 보자고 합니다. 지칩니다. 집중력이 떨어집니다. 의욕도 애정도 떨어집니다. 사람만 지치는 게 아니라 카피도 지칩니다. 그래서 나는 이번 캠페인처럼 후다닥 해치우는 일을 좋아합니다.

#2 　　　런칭광고(캠페인을 여는 첫 광고)는 슬로건 '1 합시다'를 알리는 광고였습니다. 그것 하나만 알리는 광고였습니다. 누가 알려야 할까요. TBS 사장님이 알려야 할까요. 보도국장님이 알려야 할까요. 재미없지요. 가능하면 대중에게 잘 알려진 모델이 알리는 게 좋겠지요. 그래야 메시지에 힘이 실릴 테니까요.

하지만 없는 시간에 섭외도 문제, 스케줄도 문제, 모델료도 문제. 문제투성이입니다. 어떻게 해야 할까요. 걱정할 것 없다고 했습니다. 우리는 방송국이다. 우리에겐 이른 아침부터 밤늦게까지 이곳을 내 집처럼 드나드는 괜찮은 모델이 있다. 한둘이 아니라 여럿 있다. 그들을 쓰자.

TBS 방송을 진행하는 김어준, 이은미, 김규리, 정준희, 배칠수, 박희진, 최일구, 테이, 주진우 모두 기꺼이 이름과 얼굴을 내줬습니다(일부는 기꺼이가 아니었지만 평균을 내면 기꺼이 맞습니다). 꼬박 이틀을 투자해 이들이 우리 슬로건을 짧게 외치는 영상을 하나하나 다 땄습니다. 이들을 주르륵 붙여 런칭광고를 만들었습니다. 반복의 힘을 노린 것입니다. 모두가 연내 100만 구독을 확신했는데 김어준은 믿지 않는 눈치였습니다.

1 합시다.

1 합시다.

1 합시다.

1 합시다.

TBS가 일할 수 있게 당신이 1 해주세요.

TBS 유튜브 100만 구독 캠페인.

1 합시다.

(김어준) 될 리가 없다.

#3   이어진 광고는 세상에 없는 모델들을 모셨습니다. 모델료 한 푼 주지 않고 모셨습니다. 우리가 잘 아는 위인의 명언을 살짝 패러디한 캠페인입니다. 긴 설명이 필요 없을 것 같습니다. 카피를 보시지요.

에디슨
유튜브는 1% 관심과 99% 구독으로 이루어진다.

프랭클린
오늘 구독을 내일로 미루지 마라.

링컨
시민을 위한, 시민에 의한, 시민의 방송은
영원히 사라지지 않을 것이다.
당신이 구독한다면.

데카르트
나는 구독한다. 고로 존재한다.

스피노자
내일 지구의 종말이 온다 해도
나는 한 그루 사과나무 아래에서 구독을 클릭하겠다.

테스형
너 자신을 알라.

너는 생각보다 힘이 세다.
너의 구독 1이 결국 100만을 넘긴다.

#4 　　　캠페인 기간이 짧다 해서 크리에이티브 한 두 개로 버틴 건 아니었습니다. 광고주는 지치지 않고 나를 괴롭혔습니다. 하나만 더. 하나만 더. 그래서 힘들었냐고요? 힘들지 않았습니다.

내 크리에이티브를 믿어주며 괴롭히는 건, 내가 크리에이티브를 내놓을 때마다 꺅꺅 비명을 지르며 괴롭히는 건 오히려 내게 에너지가 됩니다. 괴롭히지 않아도 내가 먼저 자수하며 하나 더 갖다 바치고 싶을 만큼. 물론 나를 괴롭힌 광고주님께서 이 책을 읽을 가능성이 있기에 하는 말입니다.

그때그때 시점에 따라, 구독자 수 변화에 따라 빠르게 치고 들어갔다 빠지는 광고를 수도 없이 만들었습니다. 한국시리즈 땐 야구를, 수능시험 날엔 시험문제를 크리에이티브로 가져가기도 했습니다.

TBS 로고 새긴 백만돌이 건전지

백만스물하나.
백만스물둘.
나도 이거 하고 싶다.

이순신 동상

나의 구독을 적에게 알리지 마라.
경품은 제한되어 있다.

헌 야구공 하나

가을야구 끝나면 뭐하지?
구독.

백만 송이 장미

먼 옛날 어느 별에서 내가 세상에 나올 때
TBS 사랑하라는 작은 음성 하나 들었지
어떻게 사랑을 할까 어찌하면 사랑할 수 있을까
유튜브 구독해줘요 백만까지 달려가도록
사랑하는 사랑하는 사랑하는 마음으로
아낌없이 아낌없이 구독해주신다면
백만 송이 백만 송이 백만 송이 꽃은 피고
시민의 방송 시민이 지킬 수 있다네

수능 수학

현재 구독자 98만. 목표 구독자 100만. 몇 명 더 구독해야 할까?
정답은 1명. 1명 1명이 모여 100만이 됩니다.

수능 사회탐구

나는 1을 보탰는데 아직 구독자가 100만에 못 미친다고 한다.
이제 나는 사회적으로 어떤 행동을 해야 할까?
① 가족을 조른다.

② 친구를 꼬신다.
③ 동료에게 술 산다.
④ 옆집에 밥 산다.
⑤ 해커를 불러 구독자 수를 조작한다.

#5   시민들에게 가장 큰 여운을 준 광고는 TBS 애청자가 출연한 광고였습니다. 그는 하루 종일 라디오를 켜고 달리는 택배기사였고 뉴스공장 애청자였습니다. 그의 목소리를 들어봅니다.

코로나 이후 쏟아지는 물량에 우리 택배기사들은 웃을 수도 울 수도 없게 됐습니다. 하루 일하는 시간은, 별 보고 나와 달 보고 들어가는 정도. 나는 세상에 택배를 배달하지만 뉴스공장은 내게 세상을 배달해줍니다. 항상 그 시간에. 택배처럼. 사실 나는 그거 듣고 기운이 많이 납니다. 시동 걸면 95.1. 달릴 때도 95.1. TBS가 나 상 줘야 해요. 개근상.

TBS가 일할 수 있게 당신이 1 해주세요.

1이 모여 백만. TBS 유튜브 100만 구독 캠페인.

#6   한 가지 사건이 있었습니다.
캠페인 시작은 초겨울이었는데 다음 해 봄 선거가 있었습니다. 한 정당이 벌컥 화를 냈습니다. 사전선거운동이다. 1 합시다, 는 기호 1번 찍으라는 암시다. 지령이다. 선관위에 고발하기까지 했습니다. 선관위가 무혐의 처분을 내려 일단락되긴 했지만 그것 참 웃을 수도 울 수도 없었습니다. 상상력에 감탄하기는 했습니다.

TBS는 광고 목표를 달성했을까요. 연말 구독 100만을 넘겼을까요. 아쉽게도 살짝 못 미쳤고 다음해 1월 100만을 채웠습니다. 김어준 예언이 맞았습니다.

 밑줄 긋기

- 계량할 수 있어야 광고 목표다
- 꽃다발이 아니라 한 송이를 건네야 그 한 송이를 본다
- 카피 품질은 시간과 비례하지 않는다
- 반복의 힘
- 모델료 없는 모델도 있다

18. 당신은 좋은 사람입니까
—— 독자에게 드리는 마지막 질문

당신은 좋은 사람입니까.

영화 〈증인〉에서 자폐 소녀 김향기가 변호사 정우성에게 물었습니다. 정우성에게 물었는데 왠지 정우성 닮은 내가 대답해야 할 것 같았습니다. 그러나 영화 보는 중에도, 영화가 끝난 후에도 나는 대답하지 못했습니다. 한동안 이 질문은 나를 놓아주지 않았습니다.

아, 이번엔 영화광고 이야기구나! 눈치 빠른 당신은 이미 혼잣말을 했겠지요. 아닙니다. 틀렸습니다. 영화 속 질문을 영화 밖으로 끄집어내려는 것입니다. 끄집어낸 질문을 내 앞에 다시 놓으려는 것입니다.

책이 몇 장 남지 않았네요. 여기까지 오는 동안 당신과 나는 긴 시간 마주보며 많은 이야기를 했습니다. 나는 입을 많이 썼고 당신은 귀를 많이 썼으니 당신이 훨씬 더 지루했겠지요. 어쨌든 잘 버텨준 당신 덕에 우린 여전히 마주보고 있습니다.

마주보고 있다는 건 어떤 의미일까요. 내 앞에 놓인 질문이 우리 사이에 놓인 질문이라는 뜻입니다. 김향기의 질문이 당신 눈에도 보인다는 뜻입니다. 우리, 대답을 같이 찾아보면 어떨까요. 어디에서? 코로나로 힘들어하는 소상공인의 긴 한숨에서.

#1 민들레국수가 문을 닫았습니다.
장미노래방이 문을 닫았습니다.
튤립여성복이 문을 닫았습니다.
채송화극단도 문을 닫았습니다.

문만 닫았을까요. 세상을 향한 마음도 닫았겠지요. 그랬습니다. 코로나는 소상공인에게 유난히 가혹했습니다. 그러나 착한 마음도 있었습니다. 착한 기업. 착한 임대. 착한 프랜차이즈. 이들은 문을 닫으려는 가게 주인의 손을 따뜻하게 잡아주었습니다. 박수와 응원과 동참이 이어졌습니다.

하나 아쉬운 건 주체가 너무 제한적이라는 것. 내겐 기업이 없는데. 건물이 없는데. 상당수 시민은 이 착한 마음에 동참하지 못해 아쉬움을 느끼거나 일부는 작은 소외를 느꼈을지도 모릅니다.

중소벤처기업부가 나섰습니다. 착한 소비자 운동을 하자. 누구나 참여할 수 있는 범국민 운동을 하자. 우리가 깃발을 들겠다. 시의적절한 깃발이었습니다. 잘 펄럭인다면 착한 임대보다 더 크고 더 넓은 반응을 만날 거라 생각했습니다. 나는 착한 마음으로 깃발에 새길 몇 글자를 찾기 시작했습니다.

#2   착한 소비, 좋습니다. 문제는 '소비'라는 단어입니다. 소비는 개념어입니다. 경제용어입니다. 일반 시민 손엔 잘 잡히지 않습니다. 형체가 없어 잘 잡히지 않는 단어를 앞세우며 따라오라 외치는 건, 뿌연 깃발 들고 안개 속으로 전진하라는 것과 같습니다.

구체성. 다시 한 번 이 세 글자를 강조합니다. 지겹지요. 지겨울 겁니다. 그러나 지겨워서 머리에 딱지 앉을 때까지 강조하고 싶습니다. 구체성. 구체성. 구체성. 내가 첫 번째로 제안한 슬로건은 구체성이었습니다.

착한 지갑

소비는 눈에 보이지 않지만 지갑은 눈에 보입니다. 소비는 만져지지 않지만 지갑은 만져집니다. 세상 모든 캠페인은 이런 구체성을 먹고 힘을 냅니다. 착한 지갑 캠페인이 뭐지? 물으면 이렇게 설명할 수 있습니다.

나보다 힘든 소상공인을 위해 기꺼이
내 지갑을 여는 착한 시민들의 착한 소비운동.

지갑은 누구에게나 있습니다. 호주머니 속에, 핸드백 속에 있습니다. 어제까지 그것들은 그냥 지갑이었습니다. 그냥 가죽지갑이었고 비닐지갑이었고 생일선물로 받은 지갑이었습니다. 무생물이었습니다. 그런데 오늘부터 그것들이 생명을 갖습니다. 마음을 갖습니다. 표정을 갖습니다. 멋지지 않나요.

못 보던 지갑인데, 무슨 브랜드니?
아, 이거? 착지!
착지? 그런 브랜드도 있었어?
착한 지갑. 녀석이 보기보다 착하거든.

이런 대화 또한 멋지지 않을까요. 요즘 사람들은 길게 말하는 걸 싫어해 말을 줄여 씁니다. '착한 지갑'은 얼마 안 가 '착지'라는 이름으로 불릴 수도 있겠지요. 남들은 다 착지를 들고 다니는데 나 혼자만 못난 지갑, 딱한 지갑, 시대에 뒤진 지갑을 넣고 다닌다면 당장 지갑을 바꾸려 하지 않을까요.

지갑이 착해지면 지갑 역할 하나만 하지 않을 것입니다. 그때그때 요술을 부리며 다른 물건으로 변신할 것입니다. 그때마다 나는 내 지갑의 따뜻한 변신을 흐뭇한 눈으로 지켜보면 됩니다.

때로는 누군가의 끼니를 책임지는 숟가락.
때로는 누군가의 인생을 응원하는 탬버린.
때로는 누군가의 눈물을 닦아주는 손수건.

착한 지갑이 착한 일을 하려면 호주머니 속에 들어앉아 있으면 안 됩니다. 지갑 주인이 움직여줘야 합니다. 어디든 찾아가고 꺼내고 열어야 합니다. 그때마다 착한 지갑을 뒤따르는 수많은 용어들이 생겨날 것입니다.

착한 만남.
착한 선물
착한 여행.

만남이라는, 선물이라는 평범한 단어가 다른 말이 됩니다. 마음을 담은 말이 됩니다. 스토리를 지닌 말이 됩니다. 이런 착한 행동이 쌓인다면 이 어려운 질문에 대답할 수 있을지도 모릅니다. 당신은 좋은 사람입니까.

착한 소비. 착한 지갑. 같은 말입니다. 같은 뜻입니다. 그러나 힘은 다릅니다. 어렵게 생각하지 말자고 했습니다. '소비'라는 개념어를 '지갑'이라는 구체어로 바꾸기만 하자고 했습니다. '착한 지갑'은 캠페인슬로건이지만 캠페인 이름으로 쓸 수도 있다고 했습니다. 현대증권 '바이 코리아'가 상품 이름인 동시에 슬로건이었던 것처럼.

#3   요즘 '소확행'이라는 말을 심심치 않게 듣습니다. 작지만 확실한 행복. 나는 《사람사전》에서 소확행을 이렇게 풀었습니다.

> 행복에 대한 절대평가. 잣대 들고 남과 나의 행복을 비교 계량하지 않는 것. 잣대 버리고 돋보기를 드는 것. 돋보기로 작은 행복을 크게 확대하여 보는 것. 그리고 혼자 웃는 것. 활짝 웃는 것.

그렇습니다. 남보다 덜 가졌다고 덜 행복한 건 아닙니다. 손바닥만 한 행복도 그것을 하늘처럼 귀하게 여기면 하늘만 한 행복이 됩니다. 남의 눈 따위는 아무것도 아니라는 얘기입니다. 우리가 소상공인 앞에서 지갑을 여는 것도 결국 내가 행복해지기 위함 아닐까요. 적은 돈이지만 내가 누군가를 돕는다는 뿌듯함.

나는 소상공인 앞에서 지갑을 엽니다. 커피를 주문합니

다. 그러나 내가 받는 건 아메리카노 한잔이 아닙니다. 행복입니다. 내 지갑이 누군가에게 도움이, 위로가, 배려가, 용기가 될 수 있음에 나는 행복합니다. 그러니 착한 소비는 이렇게 정의할 수 있겠지요.

돈을 주고 행복을 받는 일.
또는, 돈과 행복을 맞바꾸는 일.

착한 소비를 하자는 건 곧 행복해지자는 것입니다. 돈을 써서 행복해지자는 것입니다. 세상 모든 건 구입하는 데 돈이 듭니다. 행복을 구입하는 데도 당연히 돈이 듭니다. 그 돈 쓰자는 캠페인입니다.

장미 한 송이 주세요!
설렁탕 한 그릇 주세요!
생맥주 한 잔 주세요!
고등어 한 마리 주세요!

이 말들은 모두 이렇게 바꾸어도 됩니다.

행복 한 송이 주세요!
행복 한 그릇 주세요!

행복 한 잔 주세요!

행복 한 마리 주세요!

왜? 같은 말이니까요. 자, 이쯤 되면 슬로건을 눈치채셨을 겁니다. 우리가 착한 소비를 하며 소상공인에게 건네는 한마디. 이 한마디가 두 번째로 제안한 캠페인슬로건이었습니다.

행복 주세요!

밝습니다. 경쾌합니다. 착한 소비를 하는 것이 곧 내가 행복해지는 것임을 이 한마디로 알립니다. 이런 카피가 가능할 것입니다.

행복 일곱 개 주세요

그녀 생일이다. 나는 동네서점에서 행복 한 권을 골랐고, 시장에 들러 행복 한 다발을 샀다. 영화관에서 그녀를 만났다. 행복 두 장을 끊었고 매점에서 대용량 행복 한 봉지와 따뜻한 행복 두 캔을 샀다. 나란히 앉아 영화를 봤다. 어느새 어두워졌다. 우리는 작은 분식집에서 행복을 한 그릇씩 나눠 먹었다. 그래도 헤어지는 게 아쉬워 편의점 파라솔 아래에서 행복 한 모금 더. 그녀는 내가 건넨 책과 꽃을 들고 집으로 갔고, 나는 일곱 개의 행복을 가슴에 품고 휘휘 휘파람 불며 집을 향했다.

뼈만 앙상한 아프리카 아이에게 카메라를 들이대는 광고. 어떻습니까. 혹시 불편하지 않습니까. 우리 슬로건은 희생을 강요하지 않습니다. 손해를 요구하지 않습니다. 눈물을 구걸하지 않습니다. 신파로 흐르지 않고 활짝 웃으며 당당하게 유쾌하게 말합니다. 착한 소비는 내 돈으로 내 행복을 구입하는 거라고.

#4   마지막 제안입니다. 소상공인을 위해 착한 소비를 한다는 건 어떤 의미일까요. 단순히 돈 몇 푼 주고받는 행동 이상의 의미가 있지 않을까요. 그냥 소비가 아니라 착한 소비니까요. 아마 이런 의미일 것입니다.

> 너의 아픔을 내가 알고 있다는 의미.
> 내가 너를 안아주고 싶다는 의미.
> 내 마음을 너에게 주고 싶다는 의미.
> 우리 함께 살아가자고 말을 건네는 의미.

위 네 문장엔 두 사람이 등장합니다. 너와 나. 너는 소상공인이고 나는 소비자입니다. 이제 둘 사이에 어떤 따뜻한 작용이 일어납니다. 작용의 시작은 누구일까요. 누가 먼저 행동해야 상호작용이 일어날까요.

나.

그렇습니다. 소비 주체는 '나'입니다. '나'가 지갑을 열어야 '너'가 위로와 용기와 희망을 얻습니다. 그런데 '나'라는 존재는 종잡기 어렵습니다. 때론 한없이 너그럽지만 때론 한없이 쌀쌀맞습니다. 잘한다 잘한다 칭찬하면 기분이 좋아 지갑을 열기도 하지만, 조금이라도 심사가 뒤틀리면 차갑게 지갑을 닫아버립니다.

착한 소비가 불처럼 일어나려면 '나'를 잘 구슬려야 합니다. 칭찬으로 격려로 박수로 구슬려야 합니다. 때론 질투나 시기심을 이용하기도 해야 합니다. 다른 사람은 다 착한 소비를 한대. 근데 너만 안 하네? 쫌 그렇다. 이렇게 부드러운 협박도 해야 합니다.

착한 소비 하는 사람을 멋진 '나'로 만들어주면 어떨까요. 착한 소비에 소극적인 사람을 거대한 흐름에 끼지 못하고 뒤로 밀려나는 '나'로 만들면 어떨까요. 이런 분위기를 만들어간다면 착한 '나'가 더 늘어나지 않을까요. 마지막 슬로건의 주어는 바로 '나'입니다.

나는 산다

주어, 동사, 끝. 거리낌 없이 소비하는 모습입니다. 누가 뭐래도 내 길을 가는 확신에 찬 모습입니다. 착한 소비 하는 사람을 이런 멋진 '나'로 그리는 것입니다. 너는 뭐하니? 너는 왜 사지 않니? 이렇게 묻는 카피입니다. 슬로건 앞에는 이 다섯 글자가 생략되었습니다. 누가 뭐래도.

캠페인은 메아리를 만나야 합니다. 메아리 없는 외침은 외롭습니다. 힘을 받아 널리 퍼지기 어렵습니다. 그래서 시작이 중요합니다. 누가 먼저 깃발 들고 외치느냐. 캠페인 성패는 이미 여기에서 갈릴 수도 있습니다. 몇몇 셀럽에게 시작을 맡기자고 했습니다. 메아리를 위해. 파급을 위해.

이를 테면 봉준호 감독.

대학로 작은 가게에서 그가 열쇠고리 하나를 삽니다. 인스타그램에 '나는 산다' 한마디와 함께 열쇠고리 사진을 올립니다. 착한 소비운동에 동참한다고 선언하는 거지요. 말은 선언이지만 시민에겐 호소로 들립니다. 다른 누가 합니다. 또 다른 누가 합니다. 호소가 쌓입니다. 메아리가 점점 퍼지며 이젠 시민들이 따라붙습니다. 이렇게 숫자가 터지면 자연스럽게 우렁찬 캠페인이 될 것입니다. 셀럽을 설득하는 일이 쉽지는 않겠지만 취지를 잘 설명하면 불가능한 일도 아니라고 주장했습니다.

착한 소비는 단순히 내 호주머니에 있는 돈 몇 푼을 소상공인에게 드리는 것이 아닙니다. '나'를 통째로 드리는 것입니다. 누군가를 위해 '나'를 줄 수 있다는 건 행복한 일입니다. 그 누군가가 '나'를 받아들고 고마워한다면 더욱 행복한 일이지요. '나'가 누군가를 위해 뭔가를 했는데 오히려 '나'가 행복해지는 아름다운 역전.

이렇게 세 가지 제안을 했습니다. 슬로건 셋 모두 소비를 돈의 이동이라는 좁은 프레임에 가두지 않습니다. 더 따뜻한 의미, 더 뿌듯한 의미를 부여합니다. 나는, 중소벤처기업부가 제작한 깃발을 우리 국민 모두가 힘차게 흔들거라는 근거 없는 자신감을 흔들며 제안을 마쳤습니다.

#5   당신은 좋은 사람입니까.

질문을 다시 손바닥 위에 올려놓습니다. 찬찬히 들여다봅니다. 배우 김향기의 영화 속 그 표정이, 그 눈빛이, 그 입술이, 그 억양이 떠오릅니다. 그 입술 그 억양으로 김향기가 다시 묻습니다. 당신은 대답을 찾으셨습니까.

당신은 좋은 사람입니까.
당신은 착한 사람입니까.

어쩌면 다른 말이 아니라는 생각도 듭니다. 착한 지갑 하나가 나를 좋은 사람 쪽으로 몇 미터 옮겨줄 거라는 생각도 듭니다. 그리고 바보 같은 생각도 듭니다. 도대체 이 책 따위가 무슨 소용이람.

물론 이 책도 질문을 합니다. 소비자를 잘 관찰하고 있습니까. 소비자를 잘 설득하고 있습니까. 잘 관찰하고 잘 설득하기 위해 이렇게 저렇게 그렇게 하고 있습니까. 다시 보니 참 허약한 질문들입니다. 당신은 좋은 사람입니까. 이 위력적인 질문 앞에선 죄다 초라한 질문들입니다. 책에서 내가 한 모든 질문을 저만치 뒤로 물려주십시오. 김향기의 질문을 맨 앞에 놓아 주십시오. 나도 나에게 다시 묻겠습니다.

나는 좋은 사람입니까.

 밑줄 긋기

- 말을 줄여 쓸 때의 느낌도 생각할 것
- 소비자를 멋진 나로 만들어줄 것
- 눈물을 구걸하는 신파조를 경계할 것
- 캠페인은 메아리를 만나야
- 당신은 좋은 사람입니까

정태춘 왔다

저렇게 늙고 싶다.
저렇게 무심히 늙고 싶다.
저렇게 나로 살면서 늙고 싶다.

저렇게. 참 부러운 말입니다. 누가 나를 바라보며 '저렇게'라는 말을 사용한다면 더 바랄 게 없을 것 같습니다. 성남아트센터. 정태춘 공연 시작 직전에.

후회

조카 둘이 집에 놀러왔다. 남자는 비행기를 타고 여자는 방송작가를 한다. 와인을 마셨다. 맥주 마시듯 마셨다. 얼마 후 나는 후퇴해 안방으로 들어가 뻗었고 새벽녘 우리 집 와인냉장고는 깡그리 털렸다.
삼촌 선물! 조카들이 들고 온 건 연필이었다. 아, 연필. 또, 연필. 오래전 내 책에 쓴 그 후회막심한 작가소개 글이 다시 떠올랐다. 한영애의 퇴폐적인 창법을 좋아하고, 노무현의 자전거 타는 모습을 좋아하고, 박주영의 헐렁한 옷소매를 좋아하고, 이세돌의 바둑판 노려보는 깊은 눈을 좋아하고, 예쁜 연필 선물 받는 것을 좋아하고….
몽블랑 만년필 받는 것을 좋아하고. 포르쉐 자동차 받는 것을 좋아하고. 이렇게 썼어야 했다. 지금 내 작업실엔 죽는 날까지 써도 다 쓰지 못할 연필이 가득. 연필 주위엔 후회가 가득.

후회가 연필을 만년필로 자동차로 바꿔주지 않는다는 걸 나는 압니다. 그래서 후회에 쓸 시간을 연필에 씁니다. 작업실 연필을 몽땅 몽당으로 만들겠다는 각오로 연필을 씁니다. 연필은 글이 되고, 글은 책이 되고, 책은 돈이 되고, 돈은 만년필이 되고 자동차가 될 것입니다. 물론 책이 돈이 되는 과정에서 당신이 약간 도움을 주셔야 합니다.

배려

안방에서도 스포츠채널을 볼 수 있게 되었다.
좋아하는 것 실컷 보라는 아내의 배려였다.
부부는 나이 들수록 배려가 깊어진다는 걸 알았다.
그리고 며칠 후 하나 더 알았다.

거실을 빼앗겼다.

페이스북에 쓴 글입니다. 글 아래에 달린 댓글들을 소개합니다. 익숙한 풍경인데요. 깊이 베었구려. 다 계획이 있다. 힘내세요. 난 아직 사수 중. 이제 안방을 더 사랑하는 수밖에. 뒷방보다는 안방이 낫죠. 나는 10년 됐습니다. 그리고 마지막 댓글. 아직도 안방을 같이 쓰는군.

나

나를 아는 사람 손드세요.
몇몇이 손을 든다.
나는 손을 들지 못했다.

나는 나를 모릅니다. 얼굴이 백 개쯤 되니 어느 얼굴이 나인지 모릅니다. 아마 끝내 모르고 끝날 것입니다. 질문을 조금 바꿔 다시 물어봅니다. 카피라이터 정철 아는 사람 손드세요. 나도 손을 듭니다. 이 정철은 조금 알 것 같습니다. 질문을 좁히니 알 것도 같습니다. 내가 나를 모르는 건 내가 나를 너무 많이 알고 있기 때문인지도 모릅니다.

생중계를 마치며

한 늙은 카피라이터의 생각을, 일을, 삶을 생중계했습니다. 촬영감독 음악감독 조명감독 하나 없는 심심한 중계. 어쩌면 혼자 찍고 까부는 셀프카메라. 이제 온에어 불이 꺼집니다. 궁금합니다. 재미는 있었을까. 의미는 있었을까. 시청률은 얼마나 될까. 시즌2는 있을까.

영감이 대답합니다. 의미는 있었는데 재미는 글쎄. 과학이 대답합니다. 재미는 있었는데 의미는 글쎄. 여전히 둘은 정반대 대답입니다. 중계 들어가기 전 잔뜩 기대를 줬는데 결국 기대에 미치지 못했다는 얘기겠지요. 그러나 나는 비겁하게도 두 친구 대답에서 내게 유리한 부분만 뚝뚝 잘라 듣습니다.

의미도 있었다.
재미도 있었다.

됐습니다. 내가 나를 긍정하니 중계하길 잘했다는 생각이 듭니다. 이렇게 내 삶의 책꽂이엔 또 하나의 내 이야기가 꽂힙니다. 엔딩크레디트가 끝을 향하고 있습니다. 긴 시간 시청해주셔서 고맙습니다.

그림 Lazy Beanie

학창시절부터 안빈낙도의 삶을 꿈꾸던 귀차니스트. 직장인으로서의 삶을 살다가 뒤늦은 군복무로 인생의 하프타임을 가졌고, 이제 인생의 후반전을 그림과 음악 작업을 하면서 보내고 있다.

누구나 카피라이터

2021년 06월 25일 초판 01쇄 발행
2021년 10월 20일 초판 04쇄 발행

지은이 정철

발행인 이규상
편집인 임현숙

펴낸곳 (주)백도씨
출판등록 제2012-000170호(2007년 6월 22일)
주소 03044 서울시 종로구 효자로7길 23, 3층(통의동 7-33)
전화 02 3443 0311(편집) 02 3012 0117(마케팅) 팩스 02 3012 3010
이메일 book@100doci.com(편집·원고 투고) valva@100doci.com(유통·사업 제휴)
블로그 blog.naver.com/100doci_ 인스타그램 @100doci

ISBN 978-89-6833-318-7 03190
© 정철, 2021, Printed in Korea

허밍버드는 (주)백도씨의 출판 브랜드입니다.
이 책은 저작권법에 따라 보호받는 저작물이므로 무단 전재와 복제를 금지하며,
이 책 내용의 전부 또는 일부를 이용하려면 반드시 저작권자와 (주)백도씨의 서면 동의를 받아야 합니다.

• 잘못된 책은 구입하신 곳에서 바꿔드립니다.
• 〈92년 장마 종로에서〉 정태춘 작사·작곡 - KOMCA 승인 필